思い通りに速く書ける人の
スゴ技 文章の BEST100

The Eye-opening Working Techniques
for Writing Quickly and Effectively as Intended

山口拓朗
Takuro Yamaguchi

はじめに Introduction

「文章を書くのに時間がかかります」
「思い通りに文章を書くことができません」
「自分の考えを、うまく文章にまとめられません」
「人からよく『文章が分かりにくい』と指摘されます」

あなたも、似たような悩みをもっているのではないですか？
ビジネスシーンでは「書く力が必須」です。
メールやチャットでのやり取り、報告書や議事録、提案書、企画書などの作成、お客様へのチラシや案内文、商品・サービスのセールス文、インターネット上に掲載する文章やSNSへの投稿文など、挙げればキリがありません。

あなたの専門性がどれだけ高くても、文章の書き方がヘタなだけで、信用を失ってしまうことがあります。
また、伝わらない文章を書くことによって、大きなミスやトラブルを招いてしまうことも。
「文章作成スキルが低い状態」を放置しておくことは、百害あって一利なしです。

本書は、文章力に自信のない人を救う1冊です。
学校では決して教わらない文章の書き方について、その基本から実践的なテクニックまでを網羅しています。
書き方の解説にあわせて、たくさんの例文と図解を載せているので、読んでいる途中で迷子になることもありません。

「100個のスゴ技」は、その一つひとつが、あなたの文章力を底上げするパーツです。気に入ったスゴ技は、実践の場で積極的に活用していきましょう。

かく言う私も、以前は、文章を書くことに苦戦していました。大学卒業後、出版社に入社し、雑誌編集部に配属されたものの、文章の書き方がまったく分かっていませんでした。"なんとなく"で記事を書いては編集長にダメ出しされ、来る日も来る日も原稿を書き直していました。

「伝わらない」「読みにくい」「言い回しがくどい」「読者の顔が見えていない」「書き出しがつまらない」「内容が薄い」などなど、指摘内容は多岐にわたりました。

プロの世界は甘くありません。心が折れそうになりながらも、助言や苦言をそのつど受け止めて、自分の血肉にしていきました。

前向きな取り組みが功を奏したのか、いつしか私の文章への評価は逆転していました。「分かりやすい」「読み応えがある」「お手本のようだ」。そんなふうに褒めてもらえる機会が増え、私は、記者として自信をつけていきました。

「書けない」から「書ける」へ変化した私だからいえることがあります。それは、闇雲に文章を書き続けてもダメ、ということです。残念ながら"ただ書く"だけでは、文章力は伸びていきません。大事なのは、できるだけ早く「書き方の基本とコツ」を身につけてしまうことです。

本書は、私が25年以上の年月をかけて身につけてきた「文章の書き方のスゴ技」をまとめたものです。読んでいただければ以下の効能が手に入ります。

・「伝わらない文章」が「伝わる文章」に変わる
・読む人に誤解や誤読される機会が減る
・文章を書くスピードが速くなる
・整理された分かりやすい文章が書ける
・「何をどう書けばいいか分からない状態」から抜け出せる
・文章を書くことへの苦手意識が消える
・「自分は書ける！」という自信がつく

　あなたの文章力が飛躍的にアップしたときのことを想像してください。**あなたがもつ「情報」や「想い」が誤解されることなく読む人に伝わる。その結果、仕事がはかどり、生産性も高まっていく。**なんだかワクワクしてきませんか？
　読む人はあなたに好意や信頼を寄せるかもしれません。「伝わる文章」を書くことは、読む人にとってはもちろん、書き手自身にとっても、驚くほどリターンが大きいのです。

　では、準備はよろしいですか？　一緒に文章力アップの旅に出かけましょう。

著者・山口拓朗

あなたはこんな文章を書いていませんか？

ダメ文 セルフチェック

次のような文章を「自分も書いたことがある！」と心当たりがあれば、
ぜひ本書を読み進め、さらに文章力を鍛えましょう。

📄 基本ルール

ダメ文　新製品「ぷるるんゼリー」のセールスが好調で、食品部門のノルマは達成できたが、飲料部門については、生産ラインがトラブルに見舞われた結果、ノルマを達成できなかった。

なぜダメ？
一文に情報が詰まりすぎています

▶▶▶ 修正のしかたは Chapter1　28ページ　へ

✏️ 速く短く書く

ダメ文　ご提案内容のほうは申し分ございません。しかしながら、安全面において、リスクのあることは避けたいと考えているところでございます。

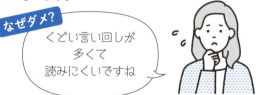

なぜダメ？
くどい言い回しが多くて読みにくいですね

▶▶▶ 修正のしかたは Chapter2　84ページ　へ

正しく書く

ダメ文 学生時代に、いろいろな本を読んでおいたほうがいい。なぜなら、社会人になると読書をする時間がほとんどとれなくなる。

なぜダメ? 「なぜなら」を正しい表現で受けていません

▶▶▶ **修正のしかたは Chapter3** 124ページ へ

伝わるメールを書く

ダメ文 企画書をお送りいたします。
お手数ですが、よろしくお願いいたします。

なぜダメ? 何を「お願い」されたのか分かりません

▶▶▶ **修正のしかたは Chapter4** 174ページ へ

相手を動かす

ダメ文 「安いよー。手作りソーセージ、ひと袋500円のところ、3袋お買い上げのお客様には30％以上の値引きを行います!」

なぜダメ? 安さが具体的にイメージできません

▶▶▶ **修正のしかたは Chapter5** 212ページ へ

CONTENTS

はじめに ……………………………………… 003
ダメ文セルフチェック ……………………… 006
この本の使い方 ……………………………… 012

Prologue
思い通りに速く書ける人になるために

読む人に誤解させないように書く …………… 014
文章を読ませる相手を明確にする …………… 016
文章の目的を決める ………………………… 018
読む人のニーズを把握する ………………… 020
「自問自答」をくり返して書く ……………… 022
Prologueのおさらい ………………………… 024

Chapter 1
伝わる文章の 基本ルール

1 情報（メッセージ）をひとつに絞る ……… 026
2 「一文一義」を心がける …………………… 028
3 同じ言葉を立て続けにくり返さない ……… 030
4 あいまいな表現を避ける …………………… 032
5 意味に応じて読点（テン）を打つ ………… 034
6 情報伝達では「5W2H」を意識する ……… 036
7 「ひらがな」「漢字」「カタカナ」を使い分ける …… 038
8 専門用語や難解な言葉は言い換える ……… 040
9 文体を統一する ……………………………… 042
10 「重要な情報」は先に伝える ……………… 044
11 「受動態」ではなく「能動態」を使う ……… 046
12 同じ情報は分断させずにまとめて書く …… 048
13 堅苦しい表現はやさしい表現に …………… 050
14 間違いやすい敬語を押さえておく ………… 052
15 推敲・見直しで文章の質を高める ………… 056
16 「結論優先型」で文章を書く ……………… 058
17 「重要度順型」で文章を書く ……………… 060
18 「比較型」で文章を書く …………………… 062

19	「提案型」で文章を書く	064
20	「主張型」で文章を書く	066
21	「時系列・列挙型」で文章を書く	068
22	「ストーリー型」で文章を書く	070
23	「紹介型」で文章を書く	072
	Chapter 1 のおさらい	074

Chapter 2

言いたいことを最速で伝えるために 速く短く書く

24	書く前に設計図を作る	076
25	50％の完成度で書き上げる	078
26	文章のぜい肉を落とす	080
27	文章の3割を捨てる	082
28	くどい表現・言い回しを削る	084
29	結論をはっきりと冒頭で書く	086
30	「〜こと」や「〜もの」に依存しない	088
31	余計な「前置き」や「注釈」を省く	090
32	「の」の連続使用に注意する	092
33	「また」「そして」「それから」を続けない	094
34	同一語尾が続く文章を避ける	096
35	過去形を連続で使わない	098
36	カッコを上手に活用する	100
37	同格の中黒(・)を使う	102
38	ChatGPTで文章力を上げる	104
39	ChatGPTのプロンプトは具体的に書く	106
40	メールとチャットの違いを理解する	108
41	「単語登録機能」を活用する	110
	Chapter 2 のおさらい	112

Chapter 3

社会人として恥ずかしくない文章を 正しく書く

42	主語と述語を正しく対応させる	114
43	論理的につじつまを合わせる	116
44	「さ入れ言葉」と「二重敬語」に注意	118
45	二重否定は避ける	120
46	「意味がありそうでない言葉」を使わない	122
47	呼応表現を正しく使う	124

48	並べる「たり」を正しく使う	126
49	つい使いがちな二重表現に注意する	128
50	「させていただく病」を治す	130
51	似たような言い回しに注意する	132
52	実は間違っている言い回しを避ける	136
53	対等な関係にある語句は表現を揃える	138
54	修飾語と被修飾語の距離を近づける	140
55	修飾語の順番を適正化する	142
56	主語や目的語の省略は適切に行う	146
57	二通りに解釈できない文を書く	148
58	「言葉足らず」にならない	150
59	「こそあど」言葉は極力使わない	152
60	接続助詞「が」は逆接のときだけ	154
61	接続詞を上手に活用する	156
	Chapter 3 のおさらい	158

Chapter 4

自分も相手もラクになる 伝わるメールを書く

62	用件が分かる「件名」を書く	160
63	ひとつのメールに書く内容を最適化する	162
64	「インライン回答」を検討する	164
65	転送・リマインドメールを使いこなす	166
66	メールの「見た目」に気を使う	168
67	箇条書きを活用する	172
68	「よろしくお願いいたします」で済ませない	174
69	指示するときは「肯定的」な表現で書く	178
70	回答は「イエス or ノー」を明確に	180
71	お願いや指示はソフトに行う	182
72	「上から目線」で書かない	184
73	クッション言葉で「圧」を弱める	186
74	「先回り返信」を心がける	190
75	報告・連絡・相談は要点を簡潔に	192
76	依頼は4つのポイントを押さえる	194
77	説得は迷う相手の背中をそっと押す	196
78	催促は相手の"逃げ道"をふさがない	198
79	営業はベネフィットで興味を引く	200
80	お礼は具体的に喜びを書く	202

81	断るときは関係にヒビを入れない	204
82	お詫びは相手の気持ちに寄り添う	206
	Chapter 4 のおさらい	208

Chapter 5

心に刺さる文章を書いて 相手を動かす

83	具体的な描写で感情を動かす	210
84	安さの訴求は「イメージのしやすさ」で	212
85	五感を刺激するシズルを書く	214
86	Q&Aで読者の不安を取り除く	216
87	読む人の疑問に先回りして答える	218
88	「不を維持する代償」を伝える	220
89	あえて弱点・欠点を書く	222
90	親しみを感じさせる	224
91	限定感を打ち出す	226
92	最後に行動を促す言葉を書く	228
93	具体的な言葉を使う	230
94	数字を上手に活用する	232
95	媒体やツールに応じて書き方を変える	234
96	読む人の反応を決める	236
97	呼びかけ・疑問形を使う	238
98	お客様の声を活用する	240
99	常識から外れたことを書く	242
100	不安・恐怖・ベネフィットを伝える	244
	Chapter 5 のおさらい	246

| おわりに | 247 |

| 文章テンプレート | 250 |
| メールの基本フォーマット | 258 |

本書は、以下 3 冊に新たな内容を追加して再編集したものです。
『伝わる文章が「速く」「思い通り」に書ける　87の法則』(明日香出版社、2014年)
『買わせる文章が「誰でも」「思い通り」に書ける101の法則』(明日香出版社、2014年)
『伝わるメールが「正しく」「速く」書ける92の法則』(明日香出版社、2017年)

この本の使い方

実践法
〈スゴ技〉の内容とその効果を記載。さっそく今日から実践してみましょう。

チェックボックス
〈スゴ技〉について「知らなかった」「実践中」をチェック。全項目にチェックマークが付くように実践に励みましょう。

詳細解説
〈スゴ技〉を詳しく解説。右の例文と照らし合わせながらマスターしましょう。

例文
具体的な例文を掲載。ここを読むだけでも、〈スゴ技〉の内容を把握できます。また、本書を読んだあとの復習にも活用してください。

※本書に掲載されている内容は、2024年9月現在のものです。本書で紹介しているWindowsやChatGPTの各機能は、今後アップデートにより仕様変更や削除が行われる可能性もあります。また異なるバージョンでは、機能や操作方法、設定方法が本書に掲載された内容とは異なる場合があります。あらかじめご了承ください。

Prologue

思い通りに速く書ける人に
なるために

思い通りに速く書ける人になるには
どうすればいいのでしょうか？
それは「文章とは何か」を知ることです。
ここでは、文章を書く際に知っておくべき
5つの心構えについて解説します。

読む人に誤解させないように書く

人は都合よく文章を解釈する

　残念ながら、文章は、完璧な情報伝達手段ではありません。誤読や誤解は日常茶飯事。**書き手が発信する情報と、読み手が受け取る情報には、多かれ少なかれ「ずれ」が生じるものです。**

　🅐 の【ダメ文】を読んだとき、読み手がイメージする甘辛さは、書き手が感じた甘辛さとは別ものかもしれません。書き手が感じたのは「しょうゆ＋砂糖＋玉ねぎ」の甘辛さで、読み手がイメージしたのは「にんじん＋だし」の甘辛さかもしれないのです。

　〈文章は読む人の「自己解釈」に依存しやすい〉。だからこそ、勝手な自己解釈をさせないよう、書き手は、読む人が理解・イメージしやすい文章を心がける必要があるのです。

　【修正文】なら、少なくとも「にんじんの甘さ」を想像する余地はありません。文面通りに「玉ねぎの甘さ」をイメージするでしょう。原文よりは「伝わる文章」になっています。

　肉じゃがの味程度であればまだしも、ビジネスシーンで、読む人の自己解釈に依存しすぎると、取り返しのつかない誤解やトラブルを招きかねません。

　🅑 の【ダメ文】は、14時と書いておけば、遅くとも15時までには来るだろう、などと書き手は思い込んでいます。しかし、このメールを受け取った相手は、「14時以降ならいつでもOK」と自己解釈し、「では17時頃に伺おう」と考えるかもしれません。

　日時を明確にした【修正文】なら、相手が「14時以降ならいつでもOK」と自己解釈する可能性は消えます。**読む人に自己解釈させない——その気持ちが、「伝わる文章」には必要です。**

書き手と読み手の認識のズレをなくす

A

ダメ文 ✕　母の作る肉じゃがは甘辛い。

どんな甘辛さか分からない

具体的に書いて書き手と読み手のズレをなくしましょう

修正文　母の作る肉じゃがは甘辛い。
しょうゆが濃く砂糖も多いうえに、玉ねぎの甘さが広がるのだ。

味が具体的に表現された

B

ダメ文 ✕　明日は14時から会社におります。
お待ちしております。

時間の幅が広い

ビジネスの日付・時間は誤解やトラブルにならないように書きましょう

修正文　明日**(24日)** は14時から会社におります。
お手数ですが、**15時までに**お越しいただけると助かります。
お待ちしております。

時間が限定された

Prologue　思い通りに速く書ける人になるために

文章を読ませる相手を明確にする

ターゲットが明確だと「伝わる力」が高まる

　文章を書くときには、読む人が誰なのか（ターゲット）を明確にしましょう。**ターゲットが明確な文章には「伝わる力」があり、ターゲットが不明確な文章には「伝わる力」がありません。**

　例えば、スマートフォンの魅力を伝える A の文章。あなたは❶〜❸のどの文章に興味・関心を引かれますか？

　10〜20代の女性なら、「プロ顔負けの"映え写真"」という言葉に興味を引かれて❶を、仕事の効率化を図りたい社会人なら「クラウド」「外出先でも予定を確認」という言葉に興味を引かれて❷を選ぶ人が多いでしょう。また、孫がいるお年寄りなら、「遠くに住むお孫さんと顔を見ながら楽しくお話し」という言葉に興味を引かれて❸を選ぶ人が多いでしょう。

　孫がいるお年寄りに❶や❷の文章を読ませたり、10代の若者に❸の文章を読ませたりしても、ピンとこないはずです。

　どんな文章にも、必ず存在するのがターゲットです。

　ターゲットを明確にするメリットは想像以上に大きいものです。

　例えば、登山道の出入口にあるお店に、 B のような案内が書かれていたとします。

　ターゲットがよく見えているのは❷ではないでしょうか。ターゲットを明確にすると、文章の方向性がはっきりします。すると、速く、思い通りに、伝わる文章が書けるようになります。

016

どんな文章にもターゲットが存在する

A

❶ スマートフォンはとても便利です。高機能な画像編集アプリをダウンロードすると、プロ顔負けの"映え写真"をアップできます。 → 10～20代女性向け

❷ スマートフォンはとても便利です。仕事のスケジュールをクラウドで管理すれば、外出先でも予定を確認できます。 → 仕事効率化を図る社会人向け

❸ スマートフォンはとても便利です。遠くに住むお孫さんと顔を見ながら楽しくお話しできます。 → 孫がいるお年寄り向け

B

❶ タオル・シャンプー・ボディソープのセット1000円 → ターゲットがあいまい

❷ 登山お疲れさま3点セット（タオル・シャンプー・ボディソープ） → 登山客がターゲット

● 文章のターゲットを決める

ラブレター
⬇
大好きな人

大学生が書く小論文
⬇
添削をする教授

履歴書
⬇
企業の採用担当者

営業会議に提出する企画書
⬇
決裁権のある上司

文章の目的を決める
目的が漠然としていると読む人に伝わらない

伝わる文章は「目的が明確」で、伝わらない文章は「目的が不明確・ずれている」という傾向があります。

私が講師を務める文章の書き方セミナーの受講生に「その文章の目的は？」とよく質問します。すると受講生の多くは、右ページの「ありがちな目的」のように答えます。厳しい言い方をするなら、これらは「目的を勘違いした文章」に該当します。「目的に対する踏み込みが足りない」と言い換えてもいいでしょう。

仮に、同窓会の案内文の目的が「開催概要を伝える」ならば、同窓会の日時や開催場所や参加費を伝えれば事足ります。しかし、それだけでは、「参加したい」と思わない人もいるでしょう。

一方で、案内文の目的が「同窓生から『参加します』の返信をもらう」なら、参加したくなるような文面を一所懸命に考えるでしょう。もしかすると、案内文に「やり手のクラス委員・田宮涼香さんや、信頼度ナンバーワンの生徒会長・佐藤正一さんも参加します」とひと言添えるだけで参加者が増えるかもしれません（笑）。

同窓会に参加する気のなかった人から「参加します」の返信をもらえたとしたら、その案内文は、100点満点の「伝わる文章」といえるでしょう。

目的をもたずに文章を書くのは、地図をもたずに旅に出るようなものです。ゴールの方向すら分からず、道中、文章が迷子になり……、その結果、読む人に「伝わらない」文章ができあがります。**ぼんやりした目的や漠然とした目的は、書き手自身にとっても「百害あって一利なし」と肝に銘じておきましょう。**

文章を書くときは目的を明確にする

● 文章の目的の例

ラブレター

ありがちな目的
自分の想い
（好きだという気持ち）を伝える

踏み込んだ目的
相手に「私もこの人が好き！」
と思ってもらう

謝罪文

ありがちな目的
お詫びの気持ちを
伝える

踏み込んだ目的
相手に
快く許してもらう

履歴書

ありがちな目的
自分の強みを
アピールする

踏み込んだ目的
採用担当者に「この人を雇いたい」
と思ってもらう

同窓会の案内文

ありがちな目的
同窓会の開催概要を
伝える

踏み込んだ目的
同窓生から「参加します」
の返信をもらう

POINT
踏み込んだ鋭い目的をもつと
読み手に行動を
起こしてもらえます

読む人のニーズを把握する

読む人が求めている情報を伝えることができる

読む人のニーズ——求めているもの、欲しがっているもの——を把握できていない状態で書き始める文章は、自己満足な内容になりがちです。

テイクアウト専門のアジア料理のお店に行ったら、張り紙に**A**の【ダメ文】のように書かれていました。張り紙を見た人は、何を感じるでしょうか？　おそらく「休憩中なのは分かったけど……、いったい休憩は何時までだろう？」と思うのではないでしょうか。

お店を訪れる人は、「営業再開は何時か？」「再開後、すぐに料理を買うにはどうしたらいいのか？」の答えを知りたいのではないでしょうか。

この【ダメ文】は、お店側が、**自分たちの都合のみ一方的に伝えた**「ダメな張り紙」です。初めてお店を訪れる人たちのニーズを把握していない証拠ともいえます。

【修正文】なら、「15時なら待てるからあとで来よう」、あるいは、「15時だと間に合わないから、日を改めよう」という具合に、読む人がそれぞれ判断を下せます。

Bの自己PR文も、【ダメ文】は**書き手が、自分が書きたいことのみ書いた文章**です。企業の採用担当者が求めているのは、大学時代に何に打ち込んだかではなく、それに打ち込んだことによって何を得たかであり、その得たことがうちの会社でどう役立つのか、です。【修正文】のような自己PR文であれば、少なくとも【ダメ文】よりは、採用担当者も好印象を抱くでしょう。

読む人が欲しい情報を出す

A

ダメ文 ✗ ただいま休憩中。

休憩が何時までか分からない

お客様の知りたい情報を入れましょう

修正文 ○ ただいま休憩中。**販売再開は15時から**です。購入を希望される方は、青い箱にある番号札を取って、お待ちください。

何時に買いにくればいいか分かる

B

ダメ文 ✗ 大学の4年間はダンスに打ち込みました。

自分の言いたいことだけ

何を得たか、会社でどう役立つかを盛り込みます

修正文 ○ 大学の4年間はダンスに打ち込みました。貴社に入社したら、**ダンスで身につけた表現力とコミュニケーション能力を活かし、プロモーションの仕事で活躍したい**と考えています。

経験をどう活かすかイメージしやすい

「自問自答」をくり返して書く
質問に答えることで書くべき素材が棚卸しされる

　書くという行為は、自問自答——自分自身に「質問」をして、それに「答える」こと——にほかなりません。質問に答えることによって、書くべき素材（情報）が棚卸しされていきます。逆にいえば、**質問に答えられないものについては、どう頑張ろうと、書くことができません。**

　例えば、「社会人として大切なことはテニスで学んだ」というテーマで、ブログの記事を書くとします。書き出しを「かつて私はテニスに没頭していた時期があります。テニスで学んだことが、今の自分を支えています」とした場合、この続きの文章は、どのように書けばいいでしょうか？　理想は、**A**　のように、自問自答をくり返すことです。その際、「読む人が知りたがっていること」を想像し、彼ら彼女らの代役として質問する意識をもつことが大切です。

　論文や評論、コラムなど、書き手自身の意見を書く文章では、自問自答が果たす役割がより大きくなります。なぜなら、鋭い意見を書くためには、鋭い質問をしなければならないからです。

　例えば**B**にあるように、Xさんの自分への質問は「環境破壊についてどう考えるか？」（答え：止めなければいけない）で、Yさんの質問は「環境破壊を止めるにはどうすればいいか？」（答え：現状を人々に広く知らせる）です。単に「環境破壊は良くない」ではなく、「環境破壊が止められない原因・社会的背景」にまで踏み込んだYさんの質問は、なかなか鋭いといえるでしょう。これぞ、自問自答の賜物。いい意見は、いい質問から生まれるのです。

書くには自問自答が必要

A

- 問い　テニスを通じて学んだいちばん大切なことは？
- 答え　どんな状況でもあきらめない精神力。

- 問い　なぜあきらめない精神力が必要？
- 答え　あきらめた瞬間に体が思うように動かなくなるから。

- 問い　精神力を鍛えるには？
- 答え　練習でたくさん失敗すること。リカバリー法を身につけられる。

- 問い　ほかには？
- 答え　過去にうまくいったときのことを思い出す。

- 問い　そうすると、どんな効果がある？
- 答え　自然とやる気がわいてきて体も的確に動くようになる。

- 問い　そうした経験は社会に出てからどう生きた？
- 答え　難題を抱えても「解決策は必ずある」とすぐに行動に移せるようになった。

読む人の質問を想像してそれに答えてみましょう

B

X 「環境破壊を止めなければならない」　　意見が一般的

Y 「環境破壊の現状を人々に広く知らせることが、問題解決への第一歩だ」　　意見が鋭い

鋭い意見を書くには鋭い質問が必要です

Prologue　思い通りに速く書ける人になるために

023

【 思い通りに速く書ける人になるために 】

Prologue のおさらい

- ☐ 人は都合よく文章を解釈してしまうので、読む人に誤解させないように書く。

- ☐ ターゲットを明確にすると、適切な言葉・情報を盛り込むことができ、その結果、「伝わる力」が高まる。

- ☐ 文章の目的が漠然としていると読む人に伝わらないので、書く前に目的を明確にする。

- ☐ 読む人が求めている情報を過不足なく伝えるために読む人のニーズを把握する。

- ☐ 自問自答をくり返して、書くべき内容を煮詰める。

Chapter

1

伝わる文章の
基本ルール

Chapter1では、読み手に伝わる文章を書くための
基本ルールを説明します。
自分の書いた文章を少し改善するだけで
驚くほど読みやすい文章に早変わりします。

Chapter 1 … 基本ルール

情報(メッセージ)をひとつに絞る
書き手のメッセージが明確になる

□ 知らなかった　□ 実践中

　情報(メッセージ)が絞られていない文章は、焦点が定まらないカメラのレンズのようなものです。話がぼやけてしまいます。

　広告を例に挙げましょう。仮に、自動車の広告文を書くとしたら、自動車のタイプ別に、消費者に響くポイントを絞ってから書いたほうがいいでしょう。

> 【自動車のタイプ別の特長(魅力)】
> - **スポーツカー**：エンジン性能、ボディフォルムなど
> - **セダン**：静粛性、居住性、高級感など
> - **ミニバン**：安全性、車内空間、シートレイアウトなど
> - **軽自動車**：環境性、燃費、小回り性、安い維持費など

　スポーツカーファンには、燃費について語るよりも、エンジンの馬力をアピールしたほうが喜ばれます。一方、軽自動車の購入を検討している人には、エンジンの馬力について語るよりも、燃費の良さをアピールしたほうが響きます。

　たくさんの情報を盛り込んだ A や B の【ダメ文】は、一つひとつの情報が薄っぺらで、読む人の印象や記憶に残りません。万人に向けて書いたのかもしれませんが、結局、万人にスルーされてしまう"ザル"のような文章です。一方、**盛り込む情報を絞った【修正文】のほうは、書き手のメッセージが明確です。**響く人には確実に響く「高打率」な文章といえます。

書き手のメッセージを明確にする

A

ダメ文 当選した暁には、企業の国際競争力の強化、教育制度の抜本的な見直し、女性の再就職制度、文化・芸術振興のサポートなど、あらゆる方面から国づくりを行います。

情報量が多い

情報を削りましょう

修正文 当選した暁には、「文化・芸術」を活かす国づくりを行います。まずは、大小さまざまなコンテンツ制作の担い手を育成すべく、「クリエイター支援制度」の早期実現に尽力します。

情報に厚みが出た

B

ダメ文 鈴木式トレーニングを学べば、ダイエット、体力増強、美容、病気予防、精神安定などの効果が手に入ります。

メッセージが多い

メッセージを絞りましょう

修正文 鈴木式トレーニングを学べば、半年で体脂肪30％減と「やせ体質」が手に入ります。

読む人に響く文章に

Chapter 1 伝わる文章の基本ルール

027

Chapter 1 … 基本ルール

「一文一義」を心がける
読みやすさが格段にアップする

☐ 知らなかった ☐ 実践中

　一文（ワンセンテンス）が長い文章を苦痛に感じる人は少なくありません。読みにくいうえに、内容を理解しにくくなるからです。読みやすく、分かりやすい文章を書くためには、簡潔な文章を心がける必要があります。

　簡潔な文章を書くためには「一文一義」を意識しましょう。**「一文一義」とは、一文（ワンセンテンス）の中に、ひとつの事柄だけを書くことです。文章作成の原則のひとつです。**

　Aの【ダメ文】が読みにくいのは、一文に複数の情報が詰まっているからです。【修正文】では、句点（マル）を打って、一文を2つに分けました。この処理だけで、読みやすさが格段にアップしました。これこそが「一文一義」の効用にほかなりません。

　Bの【ダメ文】は、一文が長いうえに（約130文字）、その中に複数の情報が盛り込まれています。一方の【修正文】は、「一文一義」を意識して句点を打ち、情報ごとに文章を4分割しました。比較したとき、頭に入ってきやすいのは【修正文】のほうです。

　もちろん、すべての文章を必ず「一文一義」にしましょう、ということではありません。大切なのは、読みやすさであり、分かりやすさです。読む人が負担に感じなければ「一文二義」が許容されるケースもあります。

　とはいえ「一文一義」が、重要な文章の原則であることに変わりはありません。書くことに没頭しすぎる方、気持ちが入りすぎる方、だらだらと書きがちな方などは、しっかりと意識しましょう。

一文の中はひとつの事柄だけ

一文に情報が詰まりすぎ

ダメ文 ✕
新製品「ぷるるんゼリー」のセールスが好調で、食品部門のノルマは達成できたが、飲料部門については、生産ラインがトラブルに見舞われた結果、ノルマを達成できなかった。

マルを打って2つの文にします

↓

修正文
新製品「ぷるるんゼリー」のセールスが好調で、食品部門のノルマは達成できた。飲料部門については、生産ラインがトラブルに見舞われた結果、ノルマを達成できなかった。

読みやすさがアップ

一文が長い

ダメ文 ✕
瞑想とは単に心を鎮めるだけではなく、「イメージ脳」と呼ばれる右脳を活性化させて、創造力や直感力を鍛えるトレーニングで、コンサルタントとして「ひらめき」を大切にしている私は、瞑想こそがビジネスを成功へと導く秘密兵器だと確信し、さっそく、友人からおすすめされた瞑想の会に参加した。

マルを打って4つに分割

↓

修正文
瞑想とは単に心を鎮めるだけでは**ない**。「イメージ脳」と呼ばれる右脳を活性化させて、創造力や直感力を鍛えるトレーニングで**ある**。コンサルタントとして「ひらめき」を大切にしている私は、瞑想こそがビジネスを成功へと導く秘密兵器だと**確信**。さっそく、友人からおすすめされた瞑想の会に参加した。

文章がスッと頭に入る

Chapter 1 … 基本ルール

同じ言葉を立て続けにくり返さない
しつこさが消え文章が引き締まる

☐ 知らなかった ☐ 実践中

　同一の文章（言葉）をくり返すと、読む人に幼稚な印象を与えかねません。できるだけ連続使用を避けて、ほかの言葉に置き換えましょう。

　Aの【ダメ文】は、立て続けに登場する「睡眠と肥満の因果関係」という言葉が、しつこく感じられます。【修正文】では、二度目に登場する「睡眠と肥満の」を「両者」という言葉に置き換えました。**しつこさが消えて、文章が引き締まりました。**

　Bの【ダメ文】には、「アスリート」と「オリンピック」という言葉が、それぞれ3回ずつ登場。さすがにくどい印象を受けます。【修正文】は、冒頭の「アスリート」以外は、「トップ選手」「彼ら彼女ら」に言い換えました。また、同じく、冒頭の「オリンピック」以外は、「晴れの舞台」「4年に1度のスポーツの祭典」に言い換えました。

　ほかにも、「アスリート」は「スポーツ選手」「競技者」「プレイヤー」などにも言い換えられます。「オリンピック」は「世界が注目する国際スポーツ大会」「憧れの地」「五輪」などに言い換えられます。**自分がよく書くテーマの文章があれば、ふだんから意識してボキャブラリーを増やしておくことも大切です。**

　同じ言葉をくり返さずに、別の表現を織り交ぜることによって、文章が引き締まります。言葉を言い換えるのはラクではありません。しかし、このひと手間をかけることで、文章から「素人臭さ」や「幼稚さ」が消えます。

別の表現を織り交ぜる

A 　　　　　　　　　　　　　同じ言葉がしつこい

ダメ文　佐藤教授は、**睡眠と肥満の因果関係**について研究している。とくに 2010 年以降は、**睡眠と肥満の因果関係**について、数多くの論文を発表している。

言葉を置き換える

修正文　佐藤教授は、睡眠と肥満の因果関係について研究している。とくに 2010 年以降は、**両者**の因果関係について、数多くの論文を発表している。

文章が引き締まった

B 　　　　　　　　　　　　　同じ言葉のくり返し

ダメ文　多くの**アスリート**にとって、**オリンピック**出場は最大の夢だろう。**オリンピック**の舞台に立てるのは、才能にあふれる一握りの**アスリート**のみ。**オリンピック**に出場すべく、**アスリート**たちは、日々、鍛錬と研鑽を積んでいる。

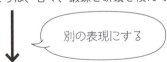

別の表現にする

修正文　多くのアスリートにとって、オリンピック出場は最大の夢だろう。**晴れの舞台**に立てるのは、才能にあふれる一握りの**トップ選手**のみ。**4 年に 1 度のスポーツの祭典**に出場すべく、**彼ら彼女ら**は、日々、鍛錬と研鑽を積んでいる。

文章から「素人臭さ」「幼稚さ」が消えました

Chapter 1 … 基本ルール

 あいまいな表現を避ける
ミスや混乱を招く可能性が減る

☐ 知らなかった ☐ 実践中

「大きい」「高い」「長い」「多い」「早い」「安い」「しばらく」「ときどき」「ゆっくり」「けっこう」「多少」などの言葉は、受け取る人によってイメージが異なります。**正確さや説得力が求められる文章では、できるだけ具体的な数字や固有名詞に置き換えましょう。**

 A の【ダメ文】を見てみましょう。あなたが浜田さんなら、「遅く」って、どれくらい遅く？ 「増える」って、どれくらい増える？ 「多めに」って、どれくらい多め？ と思うのではないでしょうか。この漠然とした指示では、行動しようにも困ってしまいます。
【修正文】では「15分」「10時15分」「3人」「全部で15席」などの言葉を補いました。これくらい具体的な指示であれば、浜田さんも安心でしょう。ミスや混乱を招く可能性が減るはずです。

 B の【修正文】のように、「少し」→「あと15点」、「会場」→「青空スーパー劇場」などと、**具体的な数字や固有名詞に置き換えると、「伝わる文章」「分かりやすい文章」へと変化します。**

　読み手に情報やイメージを共有してもらうことも、書き手の役割のひとつです。もしも読み手が誤解や勘違いをしたとしたら、それは、あいまいな表現を用いた書き手の責任かもしれません。
　ミスやトラブルを未然に防ぐためにも、日頃から、できる限り具体的な言葉を使うクセをつけましょう。

数字や固有名詞で具体的に書く

A

時間や数があいまい

ダメ文　浜田さんへ。明日の定例会議は、前回より**遅く**開始します。また、出席者が**増える**予定ですので、座席を**多め**に用意してください。

数字を具体的にしましょう

修正文　浜田さんへ。明日の定例会議は、前回より**15分遅く**、**10時15分から**開始します。また、出席者が**3人増える**予定ですので、座席を**全部で15席**用意してください。

時間や数が明確に

B

どのくらいか分からない

ダメ文
❶ 合格するには、点が**少し**足りなかった。
❷ 家から**会場**までは、**けっこう**遠い。
❸ S社に制作を依頼すると、**そこそこ**費用がかかる。
❹ イベントブースの設営には、**かなり**の人数が必要だ。
❺ 締め切りを**少し**延ばしてもらえませんか。

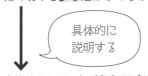

具体的に説明する

修正文
❶ 合格するには、点が**あと15点**足りなかった。
❷ 家から**青空スーパー劇場**までは、**歩いて15分以上**かかる。
❸ S社に制作を依頼すると、**100万円**の費用がかかる。
❹ イベントブースの設営には、**最低10人**は必要だ。
❺ 締め切りを**来週の水曜日（12月5日）まで**延ばしてもらえませんか。

読み手とイメージが共有できる文に

Chapter 1 … 基本ルール

意味に応じて読点(テン)を打つ
読み手に分かりやすく、誤解なく伝わる

□ 知らなかった　□ 実践中

　学校の先生の中には「句点（マル）や読点（テン）は自由に打ちましょう」「息継ぎをするように打ちましょう」「なるべく多く打ちましょう」──そんなふうに教える人もいるようです。しかし、こうした教え方は、乱暴と言わざるを得ません。

　とくに、読点の扱いについては、十分に注意が必要です。打ち方ひとつで文章の意味が大きく変わることもあるからです。

　Aの【ダメ文】で、一所懸命なのは大木課長と部下のどちらでしょうか？　読点が打たれていないこの文章では「大木課長が一所懸命に応援した」とも「一所懸命に働く部下」とも読めます。

　もし、一所懸命なのが大木課長なら【修正文】の❶のように、一所懸命なのが部下なら❷のように、読点を打つ必要があります。

　読点は、**読む人に分かりやすく伝える目的、誤読をさせない目的で打たなければなりません。**気分で打つものではないのです。

　Bのように、**読点を打つ作業は、意味のグループを作り出す作業**にほかなりません。文章を一読した際に、意味のグループが瞬間的に把握できれば、読む人の理解が進みます。

　とはいえ、一文中に、あまりにたくさんの読点が打たれていると、誤読のリスクが高まります。こういうときこそ「一文一義」で修正することをおすすめします（2項参照）。

　【修正文】では、句点を打って、文章を2つに分けました（一文一義）。大切なのは、何が何でも読点で処理しようと頑張ることではなく、できる限り分かりやすい文章を心がけることです。

テンを打って文章を分かりやすくする

A

ダメ文：大木課長は一所懸命に働く部下を応援した。

「一所懸命」なのはどっち？

大木部長なら❶
部下なら❷
のように打ちます

修正文：
❶ 大木課長は一所懸命に、働く部下を応援した。
❷ 大木課長は、一所懸命に働く部下を応援した。

誤読しない文章に

B

ダメ文：
❶ 彼は、先日の交流会で見かけた、友人の上司です。
❷ 彼は、先日の交流会で見かけた友人の、上司です。
❸ 彼は、先日の交流会で見かけた友人の上司です。

「交流会で見かけた相手」は……？

❶ 友人の上司
❷ 友人
❸ 友人なのか友人の上司なのかが不明

読み解くのに
ひと苦労……

「一文一義」で
修正してみます

修正文：
❷ 彼は、友人の上司です。先日の交流会で初めて見かけました。

Chapter 1 ··· 基本ルール

情報伝達では「5W2H」を意識する
読み手が必要とする情報を過不足なく盛り込める

☐ 知らなかった　☐ 実践中

おもに情報を伝える文章では、「5W2H」の意識が欠かせません。「5W2H」は、知っている人も多いでしょう。

- Who（誰が）　● What（何が／何を）　● When（いつ）
- Where（どこで）　● Why（どうして／なぜ）
- How（どのように）　● How much（いくら）

情報の正確さが求められる新聞記事などでは、「5W2H」の情報が重要な役割を果たします。

Ａの【ダメ文】は、田中という部下が、上司の机に置いたメモです。席に戻ってきた上司が「このメモは、いったい何のことだ？」と首をひねったとしたら、田中さんが書いたメモは、相手に伝わらないダメ文です。伝わらない原因はおそらく、「5W2H」の抜け落ちでしょう。

この「5W2H」から必要な情報を厳選して、メモに記すと【修正文】のようになります。

大事なのは、相手が必要とする情報を過不足なく盛り込むことです。【修正文】でも「前川課長」「今日の11時」「六本木にあるＸ社の本社」「100％が無理なら」などの情報は不要と判断し、あえて盛り込みませんでした。

情報が不足した文章は、読み手に負担をかけるだけではなく、書き手の信用も落としかねません。十分に注意しましょう。

「5W2H」で正確な情報を伝える

A

ダメ文

田中です。
残念ながら、先方の了承を得られませんでした。

↓

「5W2H」の必要な情報を盛り込む

Who（誰が了承しなかったの？）：X社の前川課長
What（何を了承しなかったの？）：製品Yの値上げ
When（いつ？）：今日の11時
Where（どこで？）：六本木にあるX社の本社
Why（理由は？）：クライアントの反発が心配
How（どのように対応する？）：値上げ幅を再検討
How much（いくら）：100％が無理なら60％（6000円）の線で

修正文

田中です。製品Yの値上げの件。X社の了承を得られませんでした。値上げによるクライアントの反発が心配とのこと。60％（6000円）の線でいけないか再検討してみます。

B

ダメ文

こんど駅前で募金活動をします。
会員の皆さま、よろしくお願いいたします。

↓

「5W2H」から必要な情報をプラスします

修正文

6月12日（水）に、ふじみ野駅前で募金活動をします。募金活動は会員全員で手分けして行います。当日は、正午に駅前（西口）に集合してください。

POINT
情報不足は読み手の負担になり信用を落とす恐れもあります

Chapter 1 … 基本ルール

「ひらがな」「漢字」「カタカナ」を使い分ける
文章の意味が頭に入ってきやすくなる

☐ 知らなかった　☐ 実践中

「ひらがな」「漢字」「カタカナ」は、それぞれ読む人に与える印象が大きく異なります。「文章を読ませる相手」や「文章の目的」などに応じた使い分けが必要です。

　読みやすさだけを考えるなら、漢字とひらがなの理想のバランスは、3：7程度ではないでしょうか。

　例えば、Ａの【ダメ文】は漢字ばかりで堅苦しい印象を受けます。読む人の気持ちを無視した文章です。

　「直ぐ→すぐ」「御→ご」「出来る→できる」「為→ため」という具合に、漢字をひらがなに変更しました。

　また、「発覚次第→見つかりましたら」「否か→どうか」のように、小難しい表現も、やさしい表現に変更しました。

　【ダメ文】と見比べると、読みやすさの差は一目瞭然です。

　意味が頭に入ってきやすいのも、ひらがなを多めにした【修正文】のほうではないでしょうか。

　Ｂは「行った」が、「いった」なのか「おこなった」なのか、はっきりしません。主催の立場であれば、誤読されないよう「おこなった」と書くほうがいいでしょう。Ｃは一瞬、「明朝駅」ってどこ？と思った方もいるでしょう。【修正文】では、句点を打つほか、助詞の「に」を加えました。このほうが親切です。

　このように、**漢字が連続する場合は、前後の文字の影響を受けて分かりにくくなっていないかどうか、十分に注意が必要です。**もちろん、ひらがなやカタカナの場合も同様です。

漢字の量のバランスを考える

A

ダメ文 ❌ 問題が**発覚次第**、**直ぐ**に**御**連絡願います。解決**出来る**か**否か**を判断する**為**、貴社に伺います。

文章が堅苦しい

漢字をひらがなにします

↓

修正文 問題が**見つかりましたら**、**すぐ**にご連絡願います。解決**できるかどうか**を判断する**ため**、貴社に伺います。

やさしい印象の文章に

B

「いった」「おこなった」どっち？

ダメ文 ❌ 一年前に**行った**読書会では〜

修正文 一年前に**おこなった**読書会では〜

C

「明朝駅」ってどこ？

ダメ文 ❌ **明朝駅**前集合です。

修正文 明朝、駅前に集合です。

句点や助詞を加えると分かりやすくなりますね

● ひらがなで書くことが多い言葉

或は（あるいは）／又は（または）／従って（したがって）／即ち（すなわち）／所詮（しょせん）／殆ど（ほとんど）／何方（どなた）／何処（どこ）／位（くらい・ぐらい）／程（ほど）／等（など）／迄（まで）／事（こと）／所（ところ）／宜しく（よろしく）／暫く（しばらく）／是非（ぜひ）／丁度（ちょうど）／貴方（あなた）／敢えて（あえて）／只今（ただいま）／御座います（ございます）／生憎（あいにく）

Chapter 1 … 基本ルール

専門用語や難解な言葉は言い換える
読む人が負担なく読める文章になる

☐ 知らなかった　☐ 実践中

　書き手が「あたり前」に使っている言葉が、読む人の「あたり前」とは限りません。専門用語や難解な言葉はできる限り避けて、読む人が負担なく読める文章を心がけましょう。

　Aにあるように、読む人が「DX化」という言葉の意味を理解していれば❶の文章で構いません。しかし、「DX化」を知らないようなら❷や❸のように、「DX化」の意味を説明する必要があります。
　もしも、**読んだ人から「言葉の意味が理解できませんでした」と言われたとしたら、それは99％書き手側に責任があります。**これは、ビジネス用語やカタカナ用語、あるいはスラング（俗語や隠語）を使うときも同様です。

　Bでは、ビジネスの現場で使われがちな用語を言い換えています。大事なポイントは、読む人が、これらの用語の意味を知っているかどうかです。
　書き手にはなじみがある言葉でも、読み手に通じるとは限りません。少なくとも「この言葉はどういう意味ですか？」と質問されてしまうような文章を書くべきではありません。

　言葉は「書き手本位」で使うのではなく、TPO（時・場所・場合）をわきまえながら、「読み手本位」で使いましょう。

読み手が理解できる言葉を使う

A

❶ 業務を効率化するには、「DX化」を進める必要があります。

❷ 業務を効率化するには、「DX（デジタルトランスフォーメーション）化」を進める必要があります。

❸ 業務を効率化するには、データとデジタル技術を活用して、商品やサービス、ビジネスモデルを変革する「DX（デジタルトランスフォーメーション）化」を進める必要があります。

> 読む人が「DX化」を知らない場合は❷❸のように修正

B

✕ 山下君をマネージャーに**アサイン**しよう。
○ 山下君をマネジャーに**任命**しよう。
　　※アサイン：仕事を割り当てること／別の部署などへ配属すること／役職などを任命すること。

✕ 次回ミーティングまでにプランXの**イシュー**を特定しよう。
○ 次回ミーティングまでにプランXの**課題**を特定しよう。
　　※イシュー：問題解決において考えるべき、論じるべきテーマ。

✕ M店・N店を合併した場合に得られる**シナジー**とは？
○ M店・N店を合併した場合に得られる**相乗効果**とは？
　　※シナジー：価値が大きくなること。相乗効果。

✕ P社が**ダマテン**で、製品開発に着手した。
○ P社が**何の発表・連絡もなく**、製品開発に着手した。
　　※ダマテン：他人に黙ってこっそり物事を行うこと／内緒で物事を企んでいること。

✕ 記事に何かしらの**ギミック**が欲しい。
○ 記事に何かしらの**仕掛け**が欲しい。
　　※ギミック：仕掛け。策略。からくり。

> ビジネス用語は意味を知らない人に配慮して使いましょう

Chapter 1 … 基本ルール

9 文体を統一する
読者の混乱を招かない

□ 知らなかった　□ 実践中

　文体には、大きく「です・ます調（敬体）」と「だ・である調（常体）」の２つがあります。

　右のページにあるように、それぞれ読み手に与える印象や書き手にとってのメリットなどが異なります。
「です・ます調」と「だ・である調」のどちらを用いるかは、マナーでいうところの「TPO（時・場所・場合）の使い分け」と同じです。通常は、「誰に読ませる文章か」「どんな目的の文章か」を考慮しながら、書き手が事前に判断します。

　 A の【ダメ文】は、「だ・である調」を採用した文章かと思いきや、途中、「ふくらみます」の部分だけ「です・ます調」が混ざっています。どちらか一方の文体に統一したほうがスマートです。
【修正文】は「です・ます調」と「だ・である調」のそれぞれに統一する場合の例を挙げています。

　ちなみに、本書では、不特定多数の読者に親しんでもらえるよう、やわらかさを感じる「です・ます調」を採用しています。
「です・ます調」を採用しても、伝えるべき主張は力強く行う。「だ・である調」を採用しても、読む人に堅苦しさや偉ぶった印象を与えない──この絶妙なサジ加減が身につくと、書き手として、さらに高みへ進むことができるでしょう。

「です・ます」「だ・である」どちらかで統一

「です・ます調」の特徴

- ☐ 丁寧な印象　☐ やわらかい印象　☐ 謙虚な印象　☐ 軽い印象
- ☐ 語尾の表現バリエーションに乏しい
- ☐ 子どもに受け入れられやすい　☐ 意見や主張をぼかせる
- ☐ 不特定多数に受け入れられやすい
- ☐ お客様向けの文章に向いている

「だ・である調」の特徴

- ☐ 堅い印象　☐ 断定的な印象　☐ 専門用語を使いやすい
- ☐ (一歩間違えると)偉そうな印象　☐ テンポがいい
- ☐ 語尾の表現バリエーションが豊か　☐ 簡潔
- ☐ メッセージ性のある文章、批評、評論などに向いている
- ☐ 内容を重視する論文やレポート、報告書などに向いている
- ☐ 読み手との間に感情的な壁を作ることがある

A

ダメ文

文体が混ざっている

粗大ゴミの放置問題は、軽視できない。街の美観を損ね、市の清掃費用もふくらみます。粗大ゴミの放置は、軽犯罪法に抵触する違法行為だという認識をもつべきだ。

修正文

「だ・である調」で統一

粗大ゴミの放置問題は、軽視できない。街の美観を損ね、区の清掃費用も**ふくらむ**。粗大ゴミの放置は、軽犯罪法に抵触する違法行為だという認識をもつべきだ。

「です・ます調」で統一

粗大ゴミの放置問題は、軽視**できません**。街の美観を損ね、市の清掃費用もふくらみます。粗大ゴミの放置は、軽犯罪法に抵触する違法行為だという認識をもつ**べきです**。

文体を統一するとすっきりと読みやすくなりますね

Chapter 1　伝わる文章の基本ルール

043

Chapter 1 … 基本ルール

10 「重要な情報」は先に伝える
誤解やミスを防げる

☐ 知らなかった ☐ 実践中

　文章は「重要な情報」から順番に書くのが原則です。「重要な情報」を後回しにすると、誤解やミスを招きやすくなります。
　Aの【例文】は上司が部下に送ったメールです。文中で「もっとも重要な情報」は以下（ア）〜（ウ）のどれでしょうか？

> （ア）S社の高橋さんが会社に来ること
> （イ）私と課長が対応すること
> （ウ）応接室を予約すること

　いずれも重要な情報には違いありません。しかし「もっとも重要な情報」が、部下への指示（ウ）であるなら、【修正文】のように書く必要があります。
　冒頭で「もっとも重要な情報」を伝えた文章であれば、誤解を招く確率が低くなります。書き方は「応接室の予約をお願いします。5月15日（水）の14時〜16時です。」でもいいでしょう。

　Bのように、複数ある情報の重要度の「高い・低い」によって、❶と❷のどちらが適切な書き方かが変化します。
　「本社検査部の視察が入る」ことが補足的な情報であれば❶の書き方で構いません。一方、「本社検査部の視察」に備えて「製造ラインの不具合改善」や「パートの増員」を行うのであれば❷の書き方がベターです。

044

重要な情報は冒頭に

A

例文

5月15日(水)の14時に、
S社の高橋さんがお見えになります。
対応は、私と課長がします。
14時～16時で応接室の予約をお願いします。

↓

「応接室の予約」を
お願いしたい

修正文

5月15日(水)の14時～16時で、
応接室の予約をお願いします。
S社の高橋さんがお見えになります。(※)
対応は、私と課長がします。

重要情報から
書くと誤解や
ミスが減ります

B

例文

❶ 今週中に、製造ラインの不具合を改善願います。
また、ベルトコンベアの動作チェックのため、
アルバイトの増員も検討してください。
なお、**9月2日(火)に、本社検査部の視察が入ります。**

❷ **9月2日(火)に、本社検査部の視察が入ります。**
つきましては、**今週中に、製造ラインの不具合を改善願います。**
また、ベルトコンベアの動作チェックのため、
アルバイトの増員も検討してください。

- **例文❶の重要度(高い → 低い)**
「ラインの不具合改善」→「アルバイト増員の検討」→「視察が入る」
- **例文❷の重要度(高い → 低い)**
「視察が入る」→「ラインの不具合改善」→「アルバイト増員の検討」

書く順番によって
重要度の高い・低いが
変化します

※「お見えになる」は、「お～になる」と「見える」という2つの尊敬語を
重ねた「二重敬語」ですが、その使用が許容されています(44項参照)。

Chapter 1 … 基本ルール

11 「受動態」ではなく「能動態」を使う
文章の説得力や信頼性が高まる

□ 知らなかった　□ 実践中

「れる」や「られる」など、受動態（受け身）の使用には注意が必要です。なぜなら、**受動態の場合、主語があいまいになり、内容がぼやけやすくなるから**です。とくに実務的な文章に受け身を使うと、読む人に無責任な印象をもたれかねません。

　Aの文章は、どちらも同じことを述べていますが、**説得力や信頼性の高さという点では、能動態の文章に軍配があがります。**「掲げられている」という受け身表現は、どこか他人行儀で、当事者意識に欠けます。

　そもそも、**受け身の文章は、能動態に比べて文章が回りくどくなりがち**です。しかも、「れる」「られる」の表現は、「可能」「自発」「尊敬」などの意味で使われることもあるため、より混乱しやすくなります。

　例えば、「社長は現場を見られません」という文章は、「尊敬」とも「可能」ともとれる表現です。2つの意味に受け取れてしまう文章は、読者に対して不親切です。

　客観性を装う必要のある文章（論文など）では受動態が適しているケースもありますが、仕事で使う文章の場合、特段の狙いや理由がない限り、能動態で書くようにしましょう。

能動態を使って説得力・信頼性を高める

受動態 今回の発表会でテーマに**掲げられて**いるのは「鳥との共存」です。

能動態 今回の発表会がテーマに**掲げて**いるのは「鳥との共存」です。

受動態 文章構造が複雑になりがち／抽象的・客観的な印象／説得力に欠ける／書き手が責任を負っていない（ように見える）

能動態 文章構造がシンプル／具体的・主観的な印象／説得力がある／書き手が責任を負っている（ように見える）

● 受け身の文章は回りくどくなりやすい

× 1月に**リリースされた**商品Pが、よく**売られて**います。
○ 1月に**リリースした**商品Pが、よく**売れて**います。

× イベントが**開始された**。
○ イベントが**開始した**。

× 本田さんによって**作られた**資料です。
○ 本田さんが**作った**資料です。

> 能動態のほうが意味がスッと通じます

●「尊敬」「可能」「自発」は2つの意味にとれてしまう

例えば「見ない」の場合……

尊敬 「見ない」に、尊敬の意味を加えて「見られない」

可能 何かしらの事情で見ることができないという意味で「見られない」

> 意味がはっきりしない言葉は読み手が迷ってしまいます

Chapter 1 … 基本ルール

12 同じ情報は分断させずにまとめて書く
情報がまとまると読み手の理解度が高まる

☐ 知らなかった ☐ 実践中

　情報が整理されていない文章は、読み手に混乱を与えます。
　Aはアプリの使い勝手を報告するメールです。論理は破綻していませんが、**書き手が頭に思い浮かんだ順に書いた結果、情報が整理されていません。**この文章に盛り込まれた情報は以下です。

> 良かった点：管理画面、タスク確認のしやすさ
> 悪かった点：操作感

「良かった点」を後半に、「悪かった点」を前半にまとめたのが【修正文】です。「悪かった点 → 良かった点 → 悪かった点」の順番になっていた【ダメ文】と比べると、それぞれのポイントが負担なく頭に入ってきます。「一方で」と接続詞を入れたことによって、情報の境目も明確になりました。

　Bは、社員に直接ヒヤリングしない理由は「本音が言いづらい」と「ウソを言う人もいる」という２点です。【ダメ文】では、この２つの理由を分断する形で「弊社が対面ヒヤリングを行わない理由はそこにあります」という"まとめ"を挟んでいます。一方、【修正文】では、２つの理由を書き終えてから"まとめ"を書いています。流れがスムーズなのは【修正文】です。
　長い文章になればなるほど、同一情報が散らばることによるリスク（理解度低下）が大きくなります。十分に注意しましょう。

情報を整理して順番に書く

ダメ文 情報が分散

先日実装されたA社の人事管理アプリ○○のご報告です。所見としては、残念ながら操作にストレスがかかりました（動作が遅い）。管理画面は分かりやすく、その日のタスクがひと目で確認できるので業務が円滑に進みました。データの処理に負担のかかる機能が多すぎるのかもしれません。

良かった点と悪かった点を整理しましょう

修正文

先日実装されたA社の人事管理アプリ○○のご報告です。所見としては、残念ながら操作にストレスがかかりました（動作が遅い）。データの処理に負担のかかる機能が多すぎるのかもしれません。一方で、管理画面は分かりやすく、その日のタスクがひと目で確認できるので業務が円滑に進みました。

情報がまとまり読みやすくなった

ダメ文 「理由」が分断されている

社内環境について、社員に直接ヒヤリングするのはおすすめできません。面と向かうと本音が言いづらくなるからです。弊社が対面ヒヤリングを行わない理由はそこにあります。中には、よく思われようとウソを言う人もいます。

「まとめ」を最後に

修正文

社内環境について、社員に直接ヒヤリングするのはおすすめできません。面と向かうと本音が言いづらくなるからです。中には、よく思われようとウソを言う人もいます。弊社が対面ヒヤリングを行わない理由はそこにあります。

文章の流れがスムーズに

Chapter 1 … 基本ルール

堅苦しい表現はやさしい表現に
誰でもストレスなく理解できる

□ 知らなかった　□ 実践中

　堅苦しい表現を使って得意顔……という文章を書いていませんか？ **仕事で求められるのは堅苦しい表現ではなく、誰でもストレスなく理解できる「やさしい表現」です。**

　🅐の「可及的速やかに」とは、どういう意味でしょうか？ 「可及的」とは、「なるべく」とか「できる限り」という意味です。言葉を具体的にしたほうが、伝わりやすく、理解しやすい文面になります。

　🅑にあるように、**漢語調の表現を含め、堅苦しい表現は修正対象です。**

　なお、下記のような「名詞＋する」、つまり、「熟語の動詞」を使いがちな人も注意が必要です。熟語の動詞には、簡潔さという長所がある反面、読む人に堅苦しい印象を与えやすいからです。**場面によっては、やさしい表現への言い換えを検討しましょう。**

決定する	→	決める	軽減する	→	減らす
活用する	→	使う	接続する	→	つなぐ
行動する	→	動く／行う	削減する	→	減らす
援助する	→	助ける	破壊する	→	壊す
比較する	→	比べる	雇用する	→	雇う
入手する	→	手に入れる	低下する	→	下がる
遂行する	→	やり遂げる	作成する	→	作る
分割する	→	分ける	着席する	→	座る

やさしい表現への言い換えを検討する

A

× **可及的速やかに**報告してください。 〔堅苦しい〕
○ **今日中に**報告してください。 〔理解しやすい〕

B

× **換言**すれば〜
○ **言い換え**れば〜

× **逐一**記録する。
○ **そのつど**記録する。

× 対立が深刻化する**公算が大きい**。
○ 対立が深刻化する**見込みだ**。

× お聞きいただければ**幸甚**です。
○ お聞きいただければ**幸い**です。

× 電車が**遅延していた**。
○ 電車が**遅れていた**。

× 中止が**不可避な**状況のため〜
○ 中止が**避けられない**状況のため〜

× 消費者**たる**人たちに〜
○ 消費者**である**人たちに〜

漢語調の言葉は堅苦しくなりがちです

シチュエーションによってはやさしい言葉に変換しましょう

Chapter 1 … 基本ルール

14 間違いやすい敬語を押さえておく
仕事場でのコミュニケーションが円滑になる

☐ 知らなかった　☐ 実践中

　敬語は「覚える → 使う」のくり返しで自分のものにしていくしかありません。ここでは、仕事で使う敬語の中でも、間違いやすいものを中心にご紹介します。

　Ａの【ダメ文】は、「参る」という謙譲語に尊敬語の「られる」を付けた不自然な言葉です。**謙譲語に尊敬語を付けても、尊敬語にはなりません。**「来る」の尊敬語「お越しになる」「お見えになる」「おいでになる」などを使うと正しい敬語になります。

　Ｂは、「尋ねる」の尊敬語「お尋ねになる」を使うべきです。敬意を表す相手の行動に謙譲語の「お伺い」を使うのは間違いです。

　なお、「尋ねる」を「質問する」に言い換えて、「ご質問ください」としてもいいでしょう。

　Ｃのように社外の人間に対して身内の発言を尊敬語「おっしゃる」で表現するのは間違いです。謙譲語の「申す」を使うのが正解です。

　また、**社外の人間に対して身内（自社）の名前を言うときは敬称を略す**のが基本です。相手が「橋本＝営業部長」と認識している場合は、「弊社の橋本が〜」でもOKです。

　ＤはＣとは逆です。敬意を表す相手の行動についての記述ですので、謙譲語の「申す」ではなく、尊敬語の「おっしゃる」を使います。

尊敬語・謙譲語を正しく使い分ける

A

ダメ文　X社の高野社長が**参られました**。

謙譲語に尊敬語を付けている

「来る」の尊敬語を使いましょう

修正文
❶ X社の高野社長が**お越しになりました**。
❷ X社の高野社長が**お見えになりました**。
❸ X社の高野社長が**おいでになりました**。

正しい表現になった

B

ダメ文　ご不明点がございましたら、遠慮なく**お伺いください**。

相手の行動は謙譲語にしない

修正文　ご不明点がございましたら、遠慮なく**お尋ねください**。

C

ダメ文　弊社の橋本営業部長がよろしくと**おっしゃっていました**。

身内の発言を尊敬語にしない

修正文　弊社営業部長の橋本がよろしくと**申しておりました**。

D

ダメ文　ご要望があれば、何なりと**申してください**。

相手の行動は謙譲語にしない

修正文　ご要望があれば、何なりと**おっしゃってください**。

E は身内（自社）に対して、「される」と敬う言葉を使うのが不自然です。丁寧語で伝えればOKです。

F の「存じ上げる」は、「井出さんのことは存じ上げております」という具合に、**知っている対象が人の場合のみ使える言葉**です。人以外には使うことができません。

G の「いらっしゃいます」は尊敬語ですが、「ございます」は丁寧語です。敬意を表する相手の名前に丁寧語を付けるのは失礼です。「弊社の担当は大田でございます」という具合に、身内（自社の人間）に使うのは問題ありません。

「おる」は「いる」の謙譲語で、「明日は弊社におります」という具合に使います。敬意を払う相手に対しては、**H** のように尊敬語の「いらっしゃる」を使います。

「伺う」は謙譲語ですので、敬意を表する相手の行動には使えません。**I** は「聞く」の尊敬語の「お聞きになる」を使うべきです。

「いたす」は謙譲語です。**J** のように敬意を表す相手には尊敬語の「なさる」を使います。

K のように**「拝見」は謙譲語につき、敬意を表する相手の行為には使えません。**尊敬語「ご覧になる」を使いましょう。「資料に目を通していただけましたか」の形でもいいでしょう。

「お目にかかる」は「会う」の謙譲語です。**L** のように目上の人に対して「会うかどうか」を問う場合は、**目上の人の行動なので尊敬語に変換します。**「お会いになる」や「会われる」を使いましょう。

「お待ちする」は「待つ」の謙譲語です。「お待ちしております」のように、自分が目上の人を待つときに使います。**M** のように待つのが敬意を払う相手の場合は尊敬語（お待ちになる）を使います。

N の「申す」は謙譲語なので、相手に使うのは失礼と思う方もいるかもしれません。しかし、**「お申し出」に含まれる「申す」は謙譲語の働きを持っていない**ので、相手の行為にも使えます。

E

✕ 西野は**外出されています**。

◯ 西野は**外出しております**。

F

✕ 明日の会議の件は、**存じ上げております**。

◯ 明日の会議の件は、**存じております**。

G

✕ 貴社のご担当は山下様で**ございますね**。

◯ 貴社のご担当は山下様で**いらっしゃいますね**。

H

✕ 明後日、高木さんは**おられますか**。

◯ 明後日、高木さんは**いらっしゃいますか**。

I

✕ 請求書の件は、**伺っていますか**。

◯ 請求書の件は、**お聞きになりましたか**。

J

✕ お客様は、赤と白の**どちらにいたしますか**。

◯ お客様は、赤と白の**どちらになさいますか**。

K

✕ 資料を**拝見され**ましたか。

◯ 資料を**ご覧になり**ましたか。

L

✕ 部長も**お目にかかりますか**。

◯ 部長も**お会いになりますか**。

M

✕ 坂田先生が、会議室で**お待ちしております**。

◯ 坂田先生が、会議室で**お待ちになっております**。

N

◯ カタログが必要なお客様は、**お申し出ください**。

◯ **お申し出いただき**ありがとうございます。

Chapter 1　…　基本ルール

15 推敲・見直しで文章の質を高める
一度書いただけでは完璧な文章にならない

☐ 知らなかった　☐ 実践中

　推敲・見直しをするときには、誤字脱字はもちろん、情報の過不足、言い回し、論理性、読みやすさ、文法などをチェックします。

　パソコンで文章を書く方におすすめなのが、印刷（プリント）した文章で推敲・見直しをする方法です。なぜなら、印刷した文字を目の前にすると、脳が「書き手」から「読み手」にスイッチするからです。事実、デスクトップ上で推敲・見直しをして「完璧になった」と思った文章でも、いざ印刷すると、用紙が修正用の赤ペンで真っ赤になることがあります。

　「読み手の脳」が得られると、文章全体を冷静に見渡すことができ、書いているときには気づかなかったアラや欠点、間違いに気づきやすくなります。

　「書く→印刷する→推敲する→修正する」という作業をくり返すうちに、おのずと文章の精度が高まっていきます。ビジネスに使う重要な文章であれば、最低でも1回、可能であれば3回ほど推敲・見直しをすることをおすすめします。

　修正した文章を再び印刷するときは、フォント（書体）やフォントサイズを変えるのもひとつの手です。また、仮に文章が横書きなら、あえて縦書きで印刷してみるのもいいでしょう。見た目が変化することで、新鮮な気持ちで文章と向き合えます。

　なお、印刷できない環境にある方や、手書きで文章を書く方は、書き終えたあと、少し時間をおいてから見直しましょう。見直すまでの時間が長いほど、「読み手の視点」が強まります。

パソコンで書いた文章はプリントアウトする

● アラや欠点、間違いに気づきやすくなる

● 推敲・見直しで文章の質を高めるポイント

1回目　想定する読者になったつもりで、「おもしろい文章かどうか」「タメになる文章かどうか」など、内容面にフォーカスして読む。細かい点は気にしなくてOK。

2回目　「もっと伝わりやすい表現はないか」「読みやすい言い回しはないか」など、「伝わりやすさ」を意識して読む。

3回目　誤字や脱字など、ケアレスミスがないかどうかに注意して読む。

ビジネスの文章なら3回は見直しましょう

Chapter 1 … 基本ルール

16 「結論優先型」で文章を書く
読む人が知りたい順番で情報を伝えられる

□ 知らなかった　□ 実践中

　効率良くメッセージを伝えたいときに有効なのが「結論優先型」です。文章の冒頭で「結論」を示してから、「理由・根拠」→「詳細・背景」→「まとめ」の流れで書きます。

> ❶ 私はそばが食べられません。〈結論〉
> ❷ そばアレルギーだからです。〈理由・根拠〉
> ❸ そばを食べると、全身にじんましんが出て、猛烈にかゆくなります。〈詳細・背景〉
> ❹ 本当はそばが好きなだけに、とても残念です。〈まとめ〉

　❹の「まとめ」は、内容に応じて、臨機応変に書きます。とくにまとめる必要がなければ、❹はなくても構いません。

　Aの【ダメ文】で、もっとも重要なメッセージは、「企画案が不採用となったこと」です。ところが、採用に至らなかった背景から書き始めたために、結論が後回しになりました。

　【修正文】は簡潔で読みやすくなりました。**メッセージの重要度は「❶＞❷＞❸・❹」**です。この順番は、「読む人が知りたい情報の順番」ともいえます。結論優先型の文章を書くときは、最悪、❸や❹は読まれなくても構わない、くらいの気持ちでいましょう。

　Bも同じように、もっとも重要な「新プロジェクトを立ち上げます」を冒頭に移動した【修正文】のほうが、すっきりとメッセージが伝わります。

058　テンプレートは250ページ ▶

結論を先に書く

A

ダメ文 ✕

「結論」が分かりにくい

今回の企画では、高いプロモーション効果が期待できる一方で、大幅に予算オーバーする可能性があります。部長いわく「費用対効果が低すぎる」とのこと。企画案は不採用となりました。関係部署の意見を参考に、新たな企画を立案する予定です。

「結論」を最初に書きます

修正文

企画案は不採用となりました。〈結論〉部長いわく「費用対効果が低すぎる」とのこと。〈根拠・理由〉今回の企画では、高いプロモーション効果が期待できる一方で、大幅に予算オーバーする可能性があります。〈詳細・背景〉関係部署の意見を参考に、新たな企画を立案する予定です。〈まとめ〉

メッセージが伝わりやすくなった

B

ダメ文 ✕

メッセージが伝わりにくい

AI市場のニーズの高まりに対応すべく、まずは教育系AIの技術開発に注力します。そのための新プロジェクトを立ち上げます。

最重要情報を先に書きます

修正文

新プロジェクトを立ち上げます。〈結論〉AI市場のニーズの高まりに対応するためです。〈理由〉まずは教育系AIの技術開発に注力します。〈詳細〉

すっきりとメッセージが伝わる

Chapter 1 … 基本ルール

17 「重要度順型」で文章を書く
情報が多くても読みやすくなる

☐ 知らなかった　☐ 実践中

　複数の情報を伝えるとき、重要度の高い順番に書くのが「重要度順型」です。重要度がもっとも高い情報を初めに書き、重要度の高いものから順番に、情報を付け加えていきます。

> ❶ 鈴木さんはコミュニケーション能力が高い。〈情報❶〉
> ❷ また、後輩に対する指導方法も的確だ。〈情報❷〉
> ❸ さらに、豊富なアイデアももっている。〈情報❸〉
> ❹ そのうえ、子ども思いの良き母だ。〈情報❹〉

　以上の流れを念頭に、**A**のように文章を作成してみました。「見た目が引き締まる」→「健康効果がある」→「自信がつく」→「おすすめの筋トレ方法を紹介する」という具合に、**各情報がきちんと交通整理されているため、情報量が多い割に読みにくくありません**。しかも、「また」「さらに」「ちなみに」といった接続詞が、親切に道案内をしてくれています。

　なお、この型では、「また／さらに／しかも／そのうえ／それに／加えて／なお／そして／それから／かつ／なおかつ／そればかりか／おまけに」など、おもに「添加の接続詞」が使えます。
　また、文章の終盤で、補足的に情報を加えるときには「ちなみに／なお／ただし／もっとも」などの接続詞が重宝します。

060　テンプレートは251ページ ▶

重要度の高いものから先に書く

A

筋トレをすると見た目が引き締まります。その結果、人に与える印象が良くなります。〈情報❶〉

また、筋トレによる健康効果も見逃せません。運動不足解消にもつながります。〈情報❷〉

さらに、筋トレは、その人自身に自信をもたらします。筋トレの継続によって、言動が積極的になる人もいます。〈情報❸〉

ちなみに、私がおすすめする筋トレ方法は、毎日50回のスクワットと、たんぱく質を意識した食事をとることです。〈情報❹〉

複数の情報があるときは重要な情報から順に並べましょう

● 接続詞で文章をスムーズに

海外に滞在して、初めて自分の英語力の低さに気づいた。日常会話ですらおぼつかない。〈情報❶〉

それに、現地には日本とは異なる習慣が数多くある。そんな場所で生活していくのは大変だ。〈情報❷〉

加えて、仕事をうまくやっていこうと思うと、高度なコミュニケーション力も必要となる。〈情報❸〉

意味を添加する「それに」や情報を補足する「加えて」など接続詞をうまく活用しています

Chapter 1 … 基本ルール

18 「比較型」で文章を書く
内容の説得力が高まる

□ 知らなかった　□ 実践中

　複数の情報（物事）を比較する「比較型」は、**論理的な文章を書きたいときや、説得力が欲しいとき**に重宝します。

> ❶ 文字には性格が投影されるといいます。〈情報❶〉
> ❷ 私はつい殴り書きをしてしまう癖があります。〈情報❷〉
> ❸ もしかすると、私の中には、荒々しい性格が眠っているのかもしれません。〈情報❶と情報❷の比較結果〉

　以上の流れを念頭に、Aのように文章を作成してみました。
　この文章を式で表すと、「プロのダンサーに必須の要素（柔軟性とリズム感）－ 陽子が備えている要素（柔軟性）＝ 陽子に足りない要素（リズム感）」となります。
　このように、2つ以上の情報を比較することによって、結論に説得力が生まれやすくなります。

　ほかにも「比較型」で文章を作ってみました。
　仮に、Dの〈比較結果〉が「だから、○○郵便局の階段を使うのは気が滅入る」だった場合、意味不明な悪文となります。**比較を無視した結論は、読む人を混乱させると同時に、書き手自身の信用低下を招きかねません。**比較によって浮かび上がった事実（結論）こそが、「比較型」の最大の収穫です。

062　テンプレートは252ページ ▶

理論的な文章は比較型を使う

A

田所コーチいわく「プロのダンサーになるためには、柔軟性とリズム感が必須」とのこと。〈情報❶〉

陽子は柔軟性はあるが、リズム感に難がある。〈情報❷〉

したがって、もしも陽子が本気でプロのダンサーを目指すなら、今後、リズム感を磨く必要がある。〈情報❶と❷の比較結果〉

B

月末になると、イレギュラーな仕事が入り、予定していた作業が進まない。〈情報❶〉

予定の作業が進まないと、焦りから大きなミスが増える。〈情報❷〉

大きなミスを減らすためにも、月初に重要度の高い仕事をしておこう。〈情報❶と❷の比較結果〉

C

「英会話の上達には、英語をたくさん聞くことが重要」と、ある本に書いてありました。〈情報❶〉

また、ある記事では「例文100個の丸暗記による英会話上達法」を紹介していました。〈情報❷〉

英語の聞き流しと例文の丸暗記を同時に行えば、効率良く英会話力を伸ばしていけそうな気がします。〈情報❶と❷の比較結果〉

D

○○郵便局にはエレベーターがない。〈情報❶〉

一方、郵便局の利用者には、お年寄りや妊婦さん、体の不自由な方などエレベーターを必要とする人がたくさんいる。〈情報❷〉

○○郵便局には、早急にエレベーターの設置を検討してもらいたい。〈情報❶と❷の比較結果〉

POINT
2つ以上の情報を比較すると説得力が生まれます

Chapter 1 … 基本ルール

19 「提案型」で文章を書く
読む人に賛同してもらえる

□ 知らなかった　□ 実践中

提案書や企画書を書くのが苦手な方に、とくにおすすめの「提案型」を紹介します。

> ❶ 読書する習慣のない社員が多くいます。〈現状〉
> ❷ そこで、書籍代の補助を提案します。〈提案〉
> ❸ 毎月の給料とは別に、特別手当として3000円の書籍代を支給します。〈具体案〉
> ❹ 会社が費用を負担することによって、積極的に本を読もうとする人が増えていきます。〈効果〉
> ❺ 書籍以外の購入にあてないよう、現金ではなく図書カードを配布します。〈方法〉

❶の**現状では、提案の根拠を盛り込む**必要があります。

Aでは提案の根拠として、「ファミリーで利用するお客様が多い」という点を盛り込みました。この根拠が弱いと、読む人の賛同が得られにくくなります。

また、提案だけでなく、具体案（❸）、効果（❹）、方法（❺）を盛り込むことで、**読む人が抱くかもしれない疑問や懸念を（先回りして）つぶしていきます。** **B**も同様に構成しました。

提案型の文章の目的は、読む人に賛同してもらうことです。提案に賛同してもらうために何が必要かを考えて、文章を紡いでいきましょう。

064　テンプレートは253ページ ▶

提案は現状の説明から書く

A

ここ数カ月、ファミリーでご利用されるお客様が増えています。〈現状〉

そこで、当レストランにおけるキッズスペースの設置を提案します。〈提案〉

具体的には、現在空き部屋になっている休憩室の一部をキッズルームに改装します。〈具体案〉

キッズスペース設置によって、子連れで来店しやすくなり、母親同士のランチ会などにも利用される可能性が高まります。〈効果〉

改装工事は、来客数が落ち込む2月上旬に行うのが妥当かと考えます。〈方法〉

B

新たに導入した経費精算システムの操作に不慣れな社員が多く、一部の部署で経費処理の停滞が見られます。〈現状〉

そこで、システム操作の勉強会を提案いたします。〈提案〉

システム開発者と総務部が連携し、勉強会用の操作マニュアルを開発します。〈具体案〉

勉強会では、実際にPC画面を共有しながらアドバイスしていくので、短時間でシステムの操作を習得していただくことができます。〈効果〉

講師は総務部の山中が務めます。第1回は11月15日（金）の正午より講堂で行います。〈方法〉

Chapter 1 … 基本ルール

「主張型」で文章を書く
書き手の「視野の広さ」や「冷静さ」を伝えられる

☐ 知らなかった　☐ 実践中

文章で主張を展開したいときに使えるのが「主張型」です。

❶ 企業や自治体は最低賃金をもっと上げるべきだ。〈主張〉
❷ なぜなら、各家庭で低賃金による買い控えが加速しているからだ。〈理由・根拠〉
❸ 事実、近年は消費支出が○％減っている。〈具体例〉
❹ もちろん、最低賃金を上げれば、企業や自治体の負担が増える。簡単な決断ではないだろう。
〈想定しうる反論への理解〉
❺ だからといって（しかし／とはいえ）、このまま低賃金を続ければ、多くの国民が不利益を被るであろう。〈再び主張〉
❻ 官民が一体となって解決策を講じるべきだ。〈まとめ〉

この型のポイントは❹の〈想定しうる反論への理解〉です。例えば、**A**の文章を読んだ人の中には、「別に言い訳をするために『育児参加』という言葉を使っているわけじゃないぞ！」と声を荒らげる人がいるかもしれません。

❹のパートは、そうした**反論予備軍をなだめる「緩衝材」の役割を果たしています。**

主張の文章というのは、ともすると独りよがりになりがちですが、❹を挟むことによって、書き手の「視野の広さ」と「冷静さ」を伝えることができます。

テンプレートは254ページ ▶

独りよがりにならずに主張を書く

主張	私の意見はこう！
▼	
理由・根拠	なぜなら……
▼	
具体例	例えば……
▼	
想定しうる反論への理解	もちろん、こんなこともある
▼	
再び主張	とはいえ、やっぱり……
▼	
まとめ	私の意見はこう！

説得力のある理論を主張で挟みましょう

A

「育児参加」という言葉が嫌いです。〈主張〉

なぜなら、そこに「わざわざしてあげている」という奉仕のニュアンスを感じるからです。〈理由・根拠〉

私の周りにも、1カ月に数回の「育児参加」を自慢げに語る父親がいます。〈具体例〉

もちろん、この言葉を使う父親たちに、悪気はないのでしょう。マスコミが作り出した言葉を無自覚に使用しているにすぎません。
〈想定しうる反論への理解〉

とはいえ、「育児参加」という言葉が、父親たちの「言い訳」や「逃げ口上」になっているのも事実です。ときどき育児をする父親が偉いのなら、毎日、育児に尽力している母親たちこそ、もっと評価されるべきでしょう。〈再び主張〉

日頃から父親が育児をする風潮を生み出すためにも、まずは、一人ひとりが、無自覚に使っている「育児参加」という言葉を手放すべきではないでしょうか。〈まとめ〉

Chapter 1 … 基本ルール

21 「時系列・列挙型」で文章を書く
複数の情報を分かりやすく伝える

☐ 知らなかった　☐ 実践中

時系列で情報を伝えるときは「時系列型」、関連性の高い複数の情報を伝えるときは「列挙型」が有効です。 どちらも情報の整理整頓に役立ちます。

 A のように、「はじめに」「続いて」「最後に」と流れる文章は、おもに時系列で説明するときなどに使われます。「はじめに」の代わりに「最初に」、「続いて」の代わりに「ついで」を使ってもいいでしょう。

 B のように、「第一に」で始まる列挙フレーズは「第二に」「第三に」と続きます。この際、3つの事柄は順序を入れ替えても構いません。つまり、「適度に運動する」「十分な睡眠をとる」「食事では野菜から食べる」の3つは、別の並び順でもOKです。

 さらに、「列挙型」には、次のようなパターンもあります。

> ● まず → 次に → さらに／そして

「まず」「次に」「さらに／そして」と流れる列挙の接続詞は、順序の入れ替えができる文章と、入れ替えができない文章のいずれのケースにも使用できます。

 なお、「時系列・列挙型」を使うときには、「クッキーの作り方は以下の通りです」「〜の3つのコツをお伝えします」のように、**全体像を知らせる予告文を入れておくとスマートです。**

情報を接続フレーズで並べる

A

ダメ文

接続フレーズがバラバラ

クッキーの作り方は以下の通りです。**はじめに**、薄力粉、バター、砂糖、卵を混ぜ合わせたものをひとまとめにして生地を作る。**第二に**、冷蔵庫で1時間寝かせ、好きな形に型抜きする。**さらに**、170度に予熱しておいたオーブンで15分焼き、焼き色がついたらできあがりです。

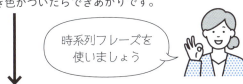

時系列フレーズを使いましょう

修正文

クッキーの作り方は以下の通りです。**はじめに**、薄力粉、バター、砂糖、卵を混ぜ合わせたものをひとまとめにして生地を作る。**続いて**、冷蔵庫で1時間寝かせ、好きな形に型抜きする。**最後に**、170度に予熱しておいたオーブンで15分焼き、焼き色がついたらできあがりです。

時系列が分かりやすい文に

B

ダメ文

3つのコツが伝わりにくい

理想的な体型を維持する3つのコツをお伝えします。**第一に**、適度に運動する。**次に**、十分な睡眠をとる。**最後に**、食事では野菜から食べる。この3つを実践してください。

列挙フレーズを使う

修正文

理想的な体型を維持する3つのコツをお伝えします。**第一に**、適度に運動する。**第二に**、十分な睡眠をとる。**第三に**、食事では野菜から食べる。この3つを実践してください。

「第一に」「第二に」と続くときは、内容を入れ替えても成立します

Chapter 1 … 基本ルール

22 「ストーリー型」で文章を書く
物語の力が読む人の心を動かす

☐ 知らなかった ☐ 実践中

　ドラマや映画に人が感動するのはなぜでしょう？　それは、ストーリー（物語）があるからです。**ストーリーには人の心を動かす、人の共感を誘うパワーがあります。**文章においても、ストーリーの重要性は変わりません。

　「ストーリー型」を使うときは、冒頭で、主人公のマイナスの部分——挫折・弱点・葛藤・コンプレックス・欠落など——を書くようにします。

---

❶ その昔、私は臆病でした。〈挫折・弱点・葛藤〉
❷ 私の人生を変えたのは、映画『生きる』でした。余命宣告を受けた公務員の男性が公園を造る話です。〈転機〉
❸ 主人公の人生に向き合う姿に感銘を受けた私は、起業セミナーに通いました。「勇気を出して自分のやりたいことで独立する！」と決めたのです。〈決意〉
❹ 2年前にコンサルタントとして開業し、順調に売上も伸ばしています。〈現在〉
❺ 年内に法人化し、事業を広げていきます。
　〈目標・ビジョン〉

　前半（マイナス）と後半（プラス）の落差が大きければ大きいほど、そして、描写が詳しければ詳しいほど人の心を動かすパワーも大きくなります。しっかりと〈決意〉を書くことも大切です。

070　▶ テンプレートは256ページ ▶

マイナス → プラスのストーリーで共感を誘う

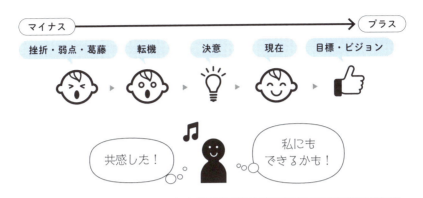

以前、私は片づけがひどく苦手でした。物を捨てられず、デスクは不要品でいっぱい。仕事の資料を紛失してしまうこともしばしばありました。〈挫折・弱点・葛藤〉

ある日、大事なプレゼン当日に資料を紛失。上司から大目玉を食らいました。その直後には、重要なプロジェクトからも外されてしまいました。〈転機〉

このままでは会社に迷惑をかけるだけでなく、自分もダメになってしまう……。私は一念発起して、整理整頓を決行。不要品を処分して、物の定位置を決めました。〈決意〉

以来、資料は一度も紛失していません。それどころか、週に一度はデスクを整理整頓し、キレイな状態をキープしています。デスクが片づいたことで、集中力や作業効率もアップしました。大きな契約を立て続けに決めて、今では上司の信頼を取り戻しつつあります。〈現在〉

今でも片づけが面倒になることがあります。しかし、ここで昔の自分に戻るわけにはいきません。会社に少しでも貢献できるよう、引き続き自己管理を徹底していきます。〈目標・ビジョン〉

POINT　描写が詳しいほど共感しやすくなります

Chapter 1 … 基本ルール

23 「紹介型」で文章を書く
書き手の体験談で読み手の共感を誘う

□ 知らなかった　□ 実践中

　本や映画やグルメを紹介する。あるいは、おすすめの場所や人やモノを紹介する。そんなときに有効なのが、**文章の冒頭で体験をつづる「紹介型」**です。難しい型ではありません。

> ❶ 慢性的な目の疲れに悩まされ続けてきました。〈体験〉
> ❷ そんな私を救ってくれたのが、先輩に教わった「寝る前に目を温める『ホットアイマスク』」でした。〈紹介〉

　この構成を念頭に、Ａのように文章を作成してみました。
　客観的な情報だけを拠り所に「○○という本がおすすめです」と書いたところで、その本を読みたくなる人は少ないでしょう。なぜなら、その本の魅力を具体的にイメージしにくいからです。
　本の魅力を伝えるためには、**文章の冒頭で、書き手自身の体験を書く**必要があります。先ほどの例文であれば、自身のコンプレックスを赤裸々に語った❶こそが、この型の肝です。
　テレビの通信販売番組で商品が売れるのは、理屈ばかりのセールストークではなく、テレビ画面にその商品を使った実演映像（＝体験映像）が映し出されるからです。
　文章で何か紹介するときにも、〈体験〉が重要なパートになります。**冒頭の体験談で、いかに読む人の共感を誘える**かが勝負です。
　メインの紹介文は、体験談のあとに書けば十分です。これもまた通信販売番組の流れと同じです。

テンプレートは257ページ ▶

冒頭は体験談で引き込む

A

苦手なことがあります。大勢の前で発表することです。子どもの頃からそうでした。発表の場に立つと、言葉が出なくなるのです。その癖（病気？）はいまだに治っていません。高校生のときに、友人から「自意識が過剰なのでは？」と忠告されて、さらにあがり症が加速しました。〈体験〉

そんなときに出会った一冊の本が『誰でも人前でスラスラ話せる103のコツ！』です。この本には、発表のコツが100個以上掲載されています。さっそくいくつかのコツを実践したところ、プレゼンで堂々と話すことができました！ この本に出会えたことに感謝。もう発表を恐れません！ 人前で話すのが苦手な方には、一読をおすすめします。〈紹介〉

文章の冒頭に体験が入ると、ぐっと共感が高まりますね！

● 個人的な体験から入ると、文章に引き込まれる

- 韓国料理のお店を紹介する場合：サムギョプサルを食べた感想を書く
  例) **秘伝のタレが本格的な味で感激！**

- テーマパークを紹介する場合：家族で一日遊び倒した体験を書く
  例) **アニメランドは、2時間並んでも入る価値あり！**

- お気に入りの洗濯乾燥機を紹介する場合：洗濯嫌いが洗濯好きに変化した体験を書く
  例) **干す手間から解放された！**

【基本ルール】

Chapter 1
のおさらい

- ☐ ひとつの文章に情報（メッセージ）を盛り込みすぎない。

- ☐ あいまいな表現は避け、具体的で正確な情報を伝える。

- ☐ 専門用語や難解な表現は言い換え、堅苦しい表現はやさしい表現に変える。

- ☐ 重要な情報は先に伝え、類似の情報はまとめて書く。

- ☐ 文章の目的に応じて、効果的な「型」を選び、型に沿って文章を書く。

Chapter

2

言いたいことを最速で伝えるために

速く短く書く

仕事の現場では
文章を速く簡潔に書くことが求められます。
Chapter2でコツをつかみ
ビジネスにふさわしい文章を書けるようになってください。

Chapter 2 … 速く短く書く

24 書く前に設計図を作る
時間を短縮でき内容もブレない

□ 知らなかった　□ 実践中

「文章を書くのに時間がかかります」という相談をよく受けます。**書くのに時間がかかる原因の大半は、「書くための準備ができていない」ことにあります。**「準備をせずに書き始める」ために、時間がかかるのです。

遅筆な人ほど、右ページのような悪い習慣が身についてしまっています。

家づくりで考えてみましょう。「さて、どんな家を建てようか？」と考えながら家を建て始める大工さんがいるでしょうか？　家を建て始める前に、必ず「設計図」を作っているはずです。

文章も家づくりと同じです。肝心なのは、書く前に、あらかじめ設計図を用意すること。設計図ができれば、あとは設計図にしたがって文章を書くだけです。**書く時間を短縮できるのはもちろん、的確でブレのない伝わる文章を書くことができます。**

机に座ってから設計図を作り始めるようでは、時間がいくらあっても足りません。文章を書く準備は、できる限り隙間時間で行います。通勤・通学電車の中、歩いているとき、仕事の空き時間、カフェでの休憩時間、入浴（シャワー）中……など。

設計図はノートやメモ帳に書いてもいいですし、頭の中で用意してもOKです。いざ机に座ったときに、自分が書きたくてうずうずしているようなら、いい設計図ができている証拠です。

書き始める前に準備する

● 書くのが遅い人の悪習慣

テーマが未定
書くときになって何を書こうか考える

切り口が未定
書くときになって、どう書こうか考える

流れが未定
書くときになって、流れ(構成)を考える

素材不足
書くときになって情報を集め始める

● 文章の設計図を作る手順

STEP 1 文章を読む人(ターゲット)を明確にする — 16ページ参照

▼

STEP 2 文章の目的を決める — 18ページ参照

▼

STEP 3 読む人のニーズを把握する — 20ページ参照

▼

STEP 4 自問自答して書く内容を決める — 22ページ参照

▼

STEP 5 文章の流れ(構成)を決める — 58~73ページ参照

Chapter 2 … 速く短く書く

50％の完成度で書き上げる
完璧を目指すとムダに時間が過ぎていく

□ 知らなかった　□ 実践中

　文章を書くのが遅い方に限って、最初からきちんと書こうとしすぎる傾向があります。

　速く書くためのポイントは、ひとまず一気に全文を書き上げてしまうことです。文章の完成度は50％程度で構いません。

　プロの絵描きで、キャンバスの端から少しずつ完璧に絵を描いていく人がいるでしょうか？　おそらく、ほとんどいないでしょう。キャンバス全体に一度ざっと絵を描き、そのあとで細部を仕上げていくはずです。

　文章にも同じことがいえます。**1行目から完璧な文章を書こうとすると、一向に筆が進みません。**「少し書いては消す」のくり返しとなり、ムダに時間が過ぎていきます。そもそも全貌が見えない状態で、ディテールを仕上げることにムリがあります。

　文章で大切なのは、絵と同じく「一度ざっと書く」ことなのです。

　一気に書き上げたあとは、推敲（練り直し）と校正（直し）をして、文章の精度を上げていきます（15項参照）。

　プロの作家やライターの原稿は、いつでも「赤ペン」のインクで染まっています（赤ペンで修正点を書き込むため）。プロには「文章は磨き上げるもの」という意識があるのです。

「一気にざっと文章を書き上げる」→「磨き上げる」というプロセスが身につくと、書くスピードが速くなるだけではなく、結果的に、より伝わりやすい文章になります。

一気に全文を書いてしまう

● 絵画と文章は同じ

まず全体を
ざっと描く

少しずつ
完璧に描く

● 速く書くためのポイント

Point 1

**文字数を
気にせずに書く**

　たとえ文字数が決められていたとしても、文字数を気にせずに書きましょう。「直す」や「削る」も「書く」の一部です。オーバーしたら最後に削ればいいのです。
　いい文章を書くためには「情熱で書いて、冷静で直す」の意識が大切です。

Point 2

**書く時間を
決める**

　作業効率を上げる最強の方法は、時間を決めることです。人には怠け癖があります。**本来15分で書ける文章でも、もち時間が30分あると、結局30分かけてしまうものなのです。**10分で書こうと思えば、その時間に間に合わせようと脳がフル回転します。

Chapter 2 … 速く短く書く

26 文章のぜい肉を落とす
文章が引き締まりメッセージが伝わりやすくなる

□ 知らなかった　□ 実践中

　だらだらと書かれた冗長な文章は、読む人をうんざりさせます。**すっきりと簡潔な文章を目指すなら、文章の「ぜい肉（＝ムダな言葉）」を落とさなければなりません。**

　Aの【修正文】は文量を約半分にしました。文章を削るときには、その言葉が、情報・メッセージを伝えるうえで必要なのか不必要なのかの判断をしなければなりません。その言葉を削ることでメッセージが弱まらないようなら、削ったほうが賢明です。

　Bの【修正文】では「長く険しい」と「鬼のように厳しい」を削りました。SNSなどに書く個人的な文章と異なり、**実務的な文章では、とくに心情的な形容や比喩が煙たがれる**傾向にあります。
　書いた本人は気持ち良くても、読む人には、理解を妨げる「邪魔者」でしかありません。
【ダメ文】はいずれも間違っているわけではないので、書いた本人は"くどい言い回し"になかなか気づきにくいものです。「もっと短くできないかな？」「読む人はストレスを感じていないかな？」などと、自分の文章を批判的な目で読み直すことが大切です。

　Cのように、**ムダな言葉や回りくどい表現を削ぎ落とすだけで、文章が引き締まり、メッセージが伝わりやすくなります**（28項で詳しく紹介します）。

ムダな言葉を削る

 ダメ文

みずからの主張をがなり立てる政治家に、主張の正当性を見極めようと、彼女の話にじっと耳を傾ける人々。美樹は、駅前にあふれかえる人混みを一所懸命にかき分けながら、改札口に向かって歩いていった。

必要な言葉だけ残す

修正文

政治家の主張に耳を傾ける人々。美樹は人混みをかき分けながら、改札口へ向かった。

 ダメ文

心情の表現がノイズに

長く険しい3年間のテスト期間を経て、ついに、**鬼のように厳しい**常務から「合格」のお墨つきをいただいた。

修正文

3年間のテスト期間を経て、ついに、常務から「合格」のお墨つきをいただいた。

読み手の理解を妨げる言葉がなくなった

C

× 無断で撮影**しないようにしてください**。
○ 無断で撮影**しないでください**。

× ケガ人が急増**してきています**。
○ ケガ人が急増**しています**。

× 机を購入**するということを**考えています。
○ 机を購入**しようと**考えています。

× 試験を**受けることができます**。
○ 試験を**受けられます**。

× 明日、家族の前で宣言**したいと思います**。
○ 明日、家族の前で宣言**します**。

× さっそく撮影を**始めていきましょう**。
○ さっそく撮影を**始めましょう**。

「もっと短くできないか？」と批判的な目で見直しましょう

081

Chapter 2 … 速く短く書く

27 文章の3割を捨てる
スリムで読みやすい文章になる

□ 知らなかった　□ 実践中

　簡潔な文章を書きたい方には、文章全体から3割程度を削る「文章ダイエット」がおすすめです。1000文字書いたら300文字程度、200文字書いたら60文字程度を削る、といった具合です。

　Aを見てください。【原文】を削る際に、まさか「昨日、都内の量販店で買いました」とする人はいないでしょう。【原文】の中では、明らかに「どこで（＝都内の量販店で）」よりも、「何を（最新のたこ焼き機を）」という情報のほうが重要だからです。

　文章を削る作業は、**「文中に盛り込まれている情報を見比べて、重要性の高いものから順に残していく作業」** と言い換えることもできます。

　Bの文章を削る際のプロセスを見ていきましょう。まずは、書き手が大切にしている重要な情報だけを抽出します。

　その結果が、「私は、先週の土曜日、トートバッグをもち、雑貨店に出かけた」という"大黒柱的な文章"です。次に、この大黒柱に必要な（とくに伝えたい）情報を肉づけします。

　どうしても必要な情報だけを残し、それ以外の情報を削ることによって、スリムで読みやすい文章になりました。 もっとも肉づけした❸でさえ、元の文章から、半分ほど削った計算になります。

　今回は不要な修飾語を中心に削りましたが、場合によっては、センテンス（句点「。」によって分けられた一続きの文章）ごと削る勇気も必要です。

重要なものだけ残す

A

原文　昨日、**都内の量販店で**最新のたこ焼き機を買いました。

↓

修正文　昨日、最新のたこ焼き機を買いました。

重要な情報だけ残しました

B

私は、先週の土曜日、自宅から自転車で3分の距離にあるリサイクルショップで先日衝動買いしたトートバッグをもち、通勤途中によく立ち寄る本屋の隣にオープンしたばかりの雑貨店に出かけた。

↓ 重要な情報を抽出

文章の大黒柱はこの**3**つ

 私は、先週の土曜日

 トートバッグをもち

 雑貨店に出かけた

↓ 「大黒柱」に必要な情報を肉づけ

肉づけ例

❶ 私は、先週の土曜日、**先日衝動買いした**トートバッグをもち、雑貨店に出かけた。

❷ 私は、先週の土曜日、トートバッグをもち、**オープンしたばかりの**雑貨店に出かけた。

❸ 私は、先週の土曜日、**先日衝動買いした**トートバッグをもち、**オープンしたばかりの**雑貨店に出かけた。

不要と判断した情報はセンテンスごと削る勇気も必要です

Chapter 2 … 速く短く書く

くどい表現・言い回しを削る
読みやすく簡潔に伝わる文になる

□ 知らなかった　□ 実践中

　仕事に求められるのは、簡潔に伝わる文章です。必要のない「くどい表現や言い回し」は、思いきって削りましょう。

　Aのダメ文では、「〜という」や「〜なことだといえます」など、なくても通じる言い回しが目につきます。また、「マーケティング」は当然「仕事」ですので、あえて言葉を重ねて「マーケティングという仕事」と書く必要はないでしょう。

　Bも同様に、**ムダな表現を削った修正文のほうが、読みやすく感じられます。**

× 検討するということが必要です。 → ○ 検討が必要です。

× 購入することができます。　　　 → ○ 購入できます。

× マーキングを行います。　　　　 → ○ マーキングします。

× 以下、補足説明していきます。　 → ○ 以下、補足説明です。

× 登場するわけです。　　　　　　 → ○ 登場します。

× 金融業界においては〜　　　　　 → ○ 金融業界では〜

　上記のように、**無意識にくどい表現・言い回しを使っている人が少なくありません。** つまり「クセ」です。「クセ」を直すには、まず、自分にクセがあることに気づく必要があります。何気なく使っているムダな言葉がないか、一度よくチェックしておきましょう。

　なお、Cのように、必要そうで実は必要ない言葉や、文脈に即していそうで実は即していない言葉にも注意しましょう。

簡潔な表現・言い回しを使う

A

ダメ文 ✕　市場調査**というのは**、マーケティング**という仕事**をするうえで極めて重要**なことだといえます**。

ムダな表現が多い

ムダな表現を見つけて削ります

修正文 ◯　市場調査は、マーケティングをするうえで極めて重要です。

すっきりと読みやすい文章に

B

ダメ文 ✕　ご提案内容**のほう**は申し分ございません。**しかしながら**、安全面**において**、リスクの**あること**は避けたいと**考えているところでございます**。

くどい表現を削除

修正文 ◯　ご提案内容は申し分ございません。しかし、安全面でのリスクは避けたく存じます。

C

✕　緑は合わないと思います。
　　逆に、青はいかがでしょうか。

◯　緑は合わないと思います。
　　青はいかがでしょうか。

何気なく使っている表現にもムダなものがたくさんあります

✕　**基本的に、**この商品のおもなターゲットは40代の個人事業主です。

◯　この商品のおもなターゲットは40代の個人事業主です。

Chapter 2 … 速く短く書く

29 結論をはっきりと冒頭で書く
読む人に余計な頭を使わせない

☐ 知らなかった　☐ 実践中

　文章は情報やメッセージ、想い、意思などを、読む人に伝える伝達手段です。**くどい言い回しや結論の出し惜しみ、もったいぶった表現をすることで書き手が悦に入ってはいけません。**伝わる文章を書くためには、冒頭で結論をスパッと言い切る潔さが大切です（16項も合わせて読むと、より理解が深まるでしょう）。

　Aの文章を見てください。もっとも重要なメッセージ（結論）は「3月いっぱいで退会する」です。ところが、【ダメ文】では、肝心の結論が最後まで登場しません。

　これでは、読みながら「いったい何の話だろう？」とじれったく思う人もいるはずです。**結論を先延ばしして、読む人に余計な頭を使わせてはいけません。**【修正文】では、3月いっぱいで退会する旨を冒頭で示しました。早々に結論を把握することで、読む人は、そのあとに続く文章に集中できます。

　Bは、最大のメッセージである「リーダーたるもの、魅力のある人物にならなければいけない」を冒頭で示した【修正文】のほうが、スッと頭に入ります。

　結婚披露宴でのスピーチを想像してください。だらだらと要領を得ない話は、出席者に嫌われます。一方で、「おふたりに、ひとつだけ『相手を敬う』というメッセージを贈ります」という具合に、冒頭で結論を示すスピーチは、出席者に喜ばれるはずです。

　文章もスピーチ同様に、冒頭で結論を明確にしたほうが喜ばれるのです。

結論から文章を始める

ダメ文

早いもので、入会してから5年が経ちました。生意気だった私を指導してくださった先輩方、苦しいときも支えてくれた仲間の皆さん、今まで本当にありがとうございました。**突然ですが、3月いっぱいで退会することになりました。**

結論を先に書いて読み手の負担を減らします

修正文

突然ですが、3月いっぱいで退会することになりました。早いもので、入会してから5年が経ちました。生意気だった私を指導してくださった先輩方、苦しいときも支えてくれた仲間の皆さん、今まで本当にありがとうございました。

ダメ文

リーダーは、メンバーに指示を与えるだけではなく、自身の人間力を磨く必要がある。業界の情報はもちろん、政治や文化、娯楽まで、多様な分野の知見を広めることも大切だ。なぜなら、魅力のある人物にならなければいけないからだ。

結論の後に理由を書いて頭に入りやすくします

修正文

リーダーたるもの、魅力のある人物にならなければいけない。そのためには、メンバーに指示を与えるだけではなく、自身の人間力を磨く必要がある。業界の情報はもちろん、政治や文化、娯楽まで、多様な分野の知見を広めることも大切だ。

Chapter 2 … 速く短く書く

30 「〜こと」や「〜もの」に依存しない
連発するとくどくなりがち

□ 知らなかった　□ 実践中

　「〜こと」を連発した文章をよく見かけます。「こと」は、さまざまな事柄を名詞化する便利な言葉です。しかし、その便利さに甘えてばかりではいけません。**安易に「こと」を連発した文章は、得してしてくどくなりがち**だからです。

　A〜**C**はいずれも、「こと」を削除・言い換えた文章のほうが、すっきりと読みやすく感じられます。もちろん、「〜こと」はひとつの文型ですので、必要に応じて使う分には構いません。

　例えば、**A**であれば、2つ目の「こと」を残して、「先生が生徒を指導することで、クラスが結束する」としても、くどくは感じません。残した「こと」は、「状態や事柄、程度などを強調する」という役割を果たしています。

　注意を喚起したいのは、その必要性を検討もせずに、ほとんどクセのように「こと」を使っているケースです。

　なお、「〜こと」と似た性質をもつ言葉に「〜もの」があります。「もの」は、具体的な物を代用する役割を担っています。「こと」と同様に、たいへんに使い勝手のいい言葉です。

　ところが、**あまりに「もの」に頼りすぎると、内容がぼんやりとしてしまいます。**

　D・**E**は具体性がある【修正文】のほうが、読む人の理解が深まります。とくに、物事を具体的に示す必要がある実務文などでは、安易に「もの」に依存しすぎないよう気をつけましょう。

「〜こと」「〜もの」を減らす

A

ダメ文　先生が生徒の**こと**を指導する**こと**で、
クラスが結束する。

修正文　先生が生徒を指導する**と**、
クラスが結束する。

「〜こと」「〜もの」が
クセになっていたら
要注意です

B

ダメ文　基本を理解する**こと**が、
技術の習得には欠かせない**こと**だ。

修正文　基本の理解が、技術の習得には
欠かせない。

C

ダメ文　顧客に不満があるという**こと**は、
今後、この企画を推進していくうえでマイナスな**こと**だ。

修正文　顧客に不満がある**状態**は、
今後、この企画を推進していくうえでマイナスだ。

D

ダメ文　離婚届とは、法律的に離婚を
成立させるための**もの**である。

修正文　離婚届とは、法律的に離婚を
成立させるための**書類**である。

E

ダメ文　ペンとは、書くための**もの**である。

修正文　ペンとは、書くための**道具**である。

文章がぼんやりしないよう
具体的な言葉に
書き換えましょう

089

Chapter 2 … 速く短く書く

31 余計な「前置き」や「注釈」を省く
文章のリズムが整い読む人の負担が減る

☐ 知らなかった　☐ 実践中

　余計な「前置き」や「注釈」が多い文章は、文章のリズムを崩し、読む人に負担を強います。とくに、ビジネスなどで使う実務文では、煙たがれるケースが多くあります。

　具体例を見てみましょう。
　🅐の「どうしてか、その理由はというと」という表現は、なくても意味が通じます。削ったほうがシンプルで読みやすくなります。
　🅑は「そのことについて書かせてもらう」という改まった一文を削除しました。ムダなタメがなくなり、リズムが良くなりました。
　🅒は「私なりに少し意見を述べたいと思う」を丸ごと省きました。読み手が「そんなことは、わざわざ説明しなくてもいい。早く続きを書いてくれ」とイライラする可能性があります。
　🅓は「その理由を3つに分けてお伝えします」を省いて、「3つ」の部分だけ直前の文章に吸収しました。
　いずれの【修正文】も、文章のリズムが整い、【ダメ文】に比べ読む人の負担が軽くなりました。

　ほとんどの場合、書いた本人は、余計な「前置き」や「注釈」が、文章のテンポを損ねていることに気づいていません。それどころか、**いい「タメ」を演出できたと勘違いしている人もいます。**丁寧に書こうという気持ちは分かりますが、それも程度問題です。文章を見直すときに、よく点検しましょう。

090

余計な言葉を入れずに書く

前置き・注釈が多い文章	ムダな前置き・注釈を省いた文章
☐ テンポが崩れる	☐ テンポがいい
☐ 読みにくい	☐ 読みやすい
☐「タメ」が演出できたと勘違い	☐ 分かりやすい

A

ダメ文：先生の提案に賛成です。**どうしてか、その理由はというと、**生徒の精神面を考えた際、それがベストの選択だからです。

↓ なくても意味が通じる言葉を削る

修正文：先生の提案に賛成です。生徒の精神面を考えた際、それがベストの選択だからです。

B

ダメ文：食料不足に対する危機感が募るばかりだ。**そのことについて書かせてもらう。**第一に、国内の食料自給率が低く〜

↓ 改まった一文を削除

修正文：食料不足に対する危機感が募るばかりだ。第一に、国内の食料自給率が低く〜

C

ダメ文：各業界で人手不足が続いている。**私なりに少し意見を述べたいと思う。**これまで新卒採用に注力してきたが、今後は中途人材の採用を〜

↓ 説明しなくてよい情報は省く

修正文：各業界で人手不足が続いている。これまで新卒採用に注力してきたが、今後は中途人材の採用を〜

D

ダメ文：私がこの学校を志望したのには、理由があります。**その理由を3つに分けてお伝えします。**ひとつには〜

↓ 一文で説明できる言葉をまとめる

修正文：私がこの学校を志望したのには、**3つの理由があります。**ひとつには〜

Chapter 2 … 速く短く書く

32 「の」の連続使用に注意する
読みやすい文章を書く意識に欠けている

□ 知らなかった　□ 実践中

「〜の〜の〜の〜」という具合に、一文中に助詞の「の」が立て続けに登場すると、読む人に、間延びした印象や、稚拙な印象を与えかねません。「の」の使用の目安は、「一文＝２つ」までです。

　Ａの【ダメ文】は「の」が６つも連続しています。これだけ連続すると、頭をフル回転させなくてはならず、読む側の理解度が低下します。リズムも良くありません。
【修正文】では、**句点（マル）を打って、一文を２つに分けました。**また、「反対側の」→「反対側に建つ」、「最上階の」→「最上階にある」と修正することで、「の」の数は６つから３つに減りました。一文中の「の」は、最大で２つです。これくらいの量であれば、読みにくくありません。
　Ｂでは、「結婚記念日の」を「結婚記念日に贈る」に、「プレゼントの買い物に行く」を「プレゼントを買いに行く」に変更しました。「の」が３つからひとつに減り、読みやすくなりました。
　Ｃのように、**「の」を「〜する／〜できる」に置き換える**のも、「の」の連続使用を防ぐひとつの方法です。
　Ｄのように、「〜する」以外にも、内容に応じて、「〜にある」「〜にいる」「〜における」「〜について」「〜に対する」などが使えます。
　Ｅでは、「私の」や「のタイトル」など、「なくても成り立つ言葉」を削ることで、「の」が３つからひとつに減りました。その言葉が本当に「必要かどうか」を見極める目を養いましょう。

「の」を省いてスマートに書く

A

ダメ文　駅の反対側の人気のデパートの最上階のイタリアンのピザが食べたい。

↓ 一文を2つに分けて「の」を減らす

修正文　駅の反対側**に建つ**人気のデパート。最上階**にある**イタリアンのピザが食べたい。

B

ダメ文　両親の結婚記念日のプレゼントの買い物に行く。

↓ 「の」を具体的な言葉に置き換える

修正文　両親の結婚記念日**に贈る**プレゼント**を**買いに行く。

C

ダメ文　未来のアーティストたちの活躍の場を用意する。

↓ 「の」を「〜できる」に置き換える

修正文　未来のアーティストたち**が**活躍**できる**場を用意する。

D

ダメ文　コンビニの向かいのビルの入り口の看板が気になる。

↓ 「の」を「〜にある」などに置き換える

修正文　コンビニの向かい**にある**ビルの入り口**に設置された**看板が気になる。

E

ダメ文　私の母の好きな映画のタイトルは『東京物語』だ。

↓ なくてもいい言葉を削る

修正文　母の好きな映画**は**『東京物語』だ。

「の」は一文に2つまでが目安

Chapter 2 … 速く短く書く

33 「また」「そして」「それから」を続けない
読む人に「稚拙な文章」と思われないようにする

☐ 知らなかった　☐ 実践中

　接続詞の「また」「そして」「それから」は、前後の文章をつなげるときに重宝します。しかし、同一段落で2回以上登場すると、読みにくいうえに、見栄えも良くありません。**同じ段落での使用は、1回に抑えましょう。**

　「また」は、ある事柄を並べたり、付け加えたりする接続詞ですので、連続して使っても、意味が伝わりにくくなることはありません。
　とはいえ、**A**のように3文連続で「また」を使うのは、いくらなんでもやり過ぎです。文章作成に工夫が見られないだけに、読む人に「稚拙な文章」と思われても仕方がありません。
　Bでは、「そして」と「それから」が、それぞれ2回ずつ使われています。小学生の作文であればまだしも、大人が書いた文章だとすると、「ザンネン」と言わざるを得ません。
　【修正文】は少しだけ文章のレベルを上げました。「そして」と「それから」はひとつも使っていません。
　順接の役割をもつ「そして」や「それから」には、前後の文章を論理的に結ぶ役割があります。逆にいえば、**前後の文章が論理的に結ばれてさえいれば、わざわざ「そして」や「それから」を使う必要はない**のです。

　「また」「そして」「それから」の使用は、同一段落では1回に抑える——と決めておきましょう。

「また」「そして」「それから」は1段落にひとつだけ

「また」「そして」「それから」は
前後の文章を理論的に結ぶ接続詞
▼
文章が理論的に結ばれていれば
「また」「そして」「それから」は不要

多い場合は
省く工夫が必要

A ダメ文

稚拙な文章に見える

今回の交流会では、多くの留学生と親睦を深めることができました。**また**、多様性を認める重要性も再確認しました。**また**、それぞれの国の習慣についても、深く考えさせられました。**また**、地域の人たちとの連携についても同様です。

「また」を
1回に抑えます

修正文

今回の交流会では、多くの留学生と親睦を深めることができました。**また**、多様性を認める重要性も再確認しました。それぞれの国の習慣**や**、地域の人たちとの連携についても、深く考えさせられました。

B ダメ文

大人の文章に見えない

5時に起きました。**そして**、30分ほど散歩。**それから**、朝食を食べました。メニューは、ごはんと納豆。リンゴも食べました。**そして**、少しだけテレビを見て、**それから**、身支度をしました。家を出たのは、ちょうど8時でした。

それぞれ表現を
変えてみます

修正文

5時に起き**て**、30分ほど散歩。朝食は、ごはんと納豆、リンゴを食べました。**食後は**、少しだけテレビを見て**から**身支度。家を出たのは、ちょうど8時でした。

Chapter 2 ··· 速く短く書く

34 同一語尾が続く文章を避ける
リズムが単調で幼稚な印象になるのを防ぐ

□ 知らなかった　□ 実践中

「〜です。〜です。〜です」「〜だ。〜だ。〜だ」という具合に、**同じ語尾が連続すると、リズムが単調になりかねません。**
　あえて同一語尾を続けて、勢いを演出する書き方もありますが、それが有効なのは「効果を狙って書く」場合に限ります。

　Aの【ダメ文】では「〜です」が6連続で使われています。単調なリズムのせいで、幼稚な印象さえ受けます。同一の語尾は、せいぜい2連続までに抑えたいところです。
【修正文】は、**2文に分けてあった業務内容を1文にまとめたり、体言止めを使ったりすることで、同一語尾の連続を回避しました。**
「〜しています」が2つに増えましたが、間に体言止めの一文（モットーは「スピードと信頼」）を挟んでいるため、ほとんど気になりません。
　最後の一文のように、**言葉の配置を変える（主語の組み立てを変える）**のも、語尾に変化をつける方法のひとつです。

　Bのように、「〜である」が連続する【ダメ文】は、かなり単調で「くどい」印象を受けます。
　一方の【修正文】では、「古い邦画である」の「である」を省いて、体言止めを採用しました。また、「三船敏郎であり」というくどい言い回しは、リズム良く「三船敏郎で」とするほか、語尾は「である」から「だ」に変更しました。

語尾にバリエーションをつける

同じ語尾が続くと……	改善方法
□ リズムが単調になる □ 幼稚な印象を与える	□ 体言止めを使う □ 言葉の配置を変える　など

A

ダメ文

弊社は、社員15名のベンチャー企業**です**。創業3年目**です**。おもな業務内容は、マーケティングとプロモーション**です**。WEB集客・SNS運営も得意**です**。モットーは「スピードと信頼」**です**。目指すは、お客様と一緒に成長できる企業**です**。

↓

修正文

弊社は、創業3年目、社員15名のベンチャー企業です。マーケティングやプロモーションのほか、WEB集客・SNS運用も得意**としています**。モットーは「スピードと信頼」。お客様と一緒に成長できる企業を**目指しています**。

目指すは、お客様と一緒に成長できる企業です。

↓ 言葉の配置を変える

お客様と一緒に成長できる企業を目指しています。

2文を1文にまとめたり体言止めを使ったりしてみました

B

ダメ文

私の趣味は映画鑑賞**である**。とくに好きなのは古い邦画**である**。好きな俳優は三船敏郎**であり**、お気に入りの作品は『七人の侍』**である**。

↓

修正文

私の趣味は映画鑑賞**だ**。とくに好きなのは古い邦画。好きな俳優は三船敏郎**で**、お気に入りの作品は『七人の侍』**だ**。

「である」を書き換えました

Chapter 2 … 速く短く書く

過去形を連続で使わない
書き手のリアルな想いや息遣いを表現する

☐ 知らなかった　☐ 実践中

「〜した」「〜だった」のような過去形を連続で使った文章は、リズムが一本調子になり、読む人に稚拙な印象を与えかねません。「朝起きた。ごはんを食べた。おいしかった。学校に行った。友達と遊んだ」。過去形を連発する文章は、子どもが書く作文によく見られます。

Aの【修正文】では、大きな状況を説明するときは過去形を、一方、小さな状況の説明や、書き手の心理描写をするときには現在形を使いました。

過去形が6つから2つに減ったことによって、**文章に適度なリズムが生まれるほか、書き手のリアルな想いや息遣いが、感じられる**ようになりました。

Bの【ダメ文】では使った過去形は6つ。一方の【修正文】では、過去形と現在形が3つずつになりました。
【修正文】のほうが【ダメ文】に比べて、情景がリアルに思い浮かぶのではないでしょうか。

過去形と現在形の使い分けに、明確なルールはありません。強いていえば、**過去形は、話の背景・全体状況を描く**ときに有効です。一方の**現在形は、読む人に、書き手の感情や瞬間的な情景をリアルにイメージさせたい**ときに大きな効果を発揮します。

「〜した」「〜だった」の連続を避ける

ダメ文

30年ぶりに故郷を**訪れた**。通っていた中学校は、校舎が建て替えられていて、当時の面影が**なかった**。毎日バスケットの練習に励んだ体育館も、立派な建物に**変わっていた**。**寂しかった**。大切な思い出を許可なくむしり取られたような心境**だった**。でも、**仕方なかった**。時間の流れは、誰にも止められないのだから。

> 状況説明は過去形 心理描写は現在形 にしてみます

修正文

30年ぶりに故郷を訪れた。通っていた中学校は、校舎が建て替えられていて、当時の面影が**ない**。毎日バスケットの練習に励んだ体育館も、立派な建物に変わっていた。**寂しい**。大切な思い出を許可なくむしり取られたような心境**だ**。でも、**仕方ない**。時間の流れは、誰にも止められないのだから。

書き手の想いや息遣いが感じられる

ダメ文

足が**もつれた**。おもいきり**転んだ**。尻もちを**ついてしまった**。痛みで頭が真っ白に**なった**。3分ほどしてから、ゆっくりと**起き上がった**。尻に青あざが**できた**。

> 過去形を減らし 情景をリアルに 浮かび上がらせます

修正文

足がもつれた。おもいきり**転ぶ**。尻もちをついてしまった。痛みで頭が真っ白に**なる**。3分ほどしてから、ゆっくりと**起き上がる**。尻に青あざができた。

リズムが良くなりリアルさが生まれた

Chapter 2 … 速く短く書く

36 カッコを上手に活用する
重要なポイントがはっきりする

□ 知らなかった　□ 実践中

　特定の言葉（文章）を強調したいときや、誰かの言葉を引用したいときは、かぎカッコ（「　」）が重宝します。重要なポイントがはっきりすることで、読む人の頭に入りやすくなります。

　おもなカッコの種類と用途は下記の通りです。

- **二重かぎカッコ『　』**

書名・雑誌名・新聞名：夏目漱石の代表作『坊っちゃん』は〜
かぎカッコ中のかぎカッコ：「そこで『母』の偉大さを感じた」
語句の強調：『アールヌーボー』の様式で作られた〜

- **山カッコ〈　〉／二重山カッコ《　》**

語句の強調：〈与党〉と〈野党〉の対立によって〜
　　　　　：日本の会社は《前近代的》なのか？

- **丸カッコ（　）**

注記：盛田昭夫（ソニー創業者）にとって経営とは〜
補足：ガーゼ（または、ハンカチ）で傷口を押さえ〜

- **隅つき括弧【　】**

タイトルや見出し、語句の強調：【昭和歌謡の名曲100】

- **クォーテーションマーク" "**

おもに欧文の引用："Imagine all the people"という歌詞に〜
洋書の書名：C.S. Lewisの"The Chronicles of Narnia"には〜

　右ページの A 〜 C はカッコの使い方の一例です。

カッコで読む人の目を引く

A

ダメ文　俗に言う闇バイト。その実態に迫る。

修正文　俗に言う「闇バイト」。その実態に迫る。

重要な言葉を
カッコで
目立たせました

B

ダメ文　世の中に失敗というものはないという稲盛和夫の言葉を心に刻みたい。

名言の引用を
カッコで
くくりました

修正文　「世の中に失敗というものはない」という稲盛和夫の言葉を心に刻みたい。

C

ダメ文　ダーウィンは、進化論という論文を書き〜。

修正文　ダーウィンは「進化論」という論文を書き〜。

題名が文章に
紛れるのを
防ぎました

POINT
カッコを使うとポイントが明確になり頭に入りやすくなりますね

Chapter 2　言いたいことを最速で伝えるために 速く短く書く

Chapter 2 … 速く短く書く

37 同格の中黒(・)を使う
文章が整理され誤読も防げる

□ 知らなかった □ 実践中

中黒（・）を上手に使うと、文章が整理されて、読みやすくなります。誤読を招くリスクも激減します。

Aのように、中黒を使わずに「橋本健治療室長」と書くと、一瞬、「橋本健」という名前なのか「橋本健治」という名前なのか、判断がつきません。この問題は、名前と肩書きの間に中黒を打つことによって解消できます。

もちろん、鈴木部長、山下GM、オバマ元大統領、新海監督など、誤読の心配がない短めの肩書きや、すでにマスコミなどで使われている肩書きの場合は、あえて中黒を打つ必要はありません。

Bのように、「学校一の有名人、鈴木理」という書き方では、「学校一の有名人と鈴木理が一緒に学校にやって来た」と読めなくもありません。一方、中黒を使った後者の文章なら、「学校一の有名人＝鈴木理」であることがはっきりとします。

では、名前と肩書きが逆転した場合、つまり、肩書きが先にくる場合はどうでしょう？　答えは「積極的に中黒を使う」です。

Cを見ると読みやすさの違いは、一目瞭然でしょう。ちなみに、「准教授、後藤司」と、読点（、）で区切ると、Dのような場合に、「高野さんが准教授？」と誤解される恐れがあります。

なお、**中黒は、複数の単語を並列しつつ、まとまった概念を示す区切りに使われることもあります**（右参照）。中黒の代わりに読点を使うと、そこで文章が切れてしまうため、「まとまった概念」として理解しにくくなるのです。

102

中黒を打って誤読を防ぐ

A
× 橋本健治療室長
○ 橋本健・治療室長

名前と肩書きの間に中黒を打ちました

B
× 学校一の有名人、鈴木理がクラスにやって来た。
○ 学校一の有名人・鈴木理がクラスにやって来た。

読点を中黒に変えました

C
× 映画監督宮崎駿さん
○ 映画監督・宮崎駿さん

× 准教授後藤司さん
○ 准教授・後藤司さん

肩書きと名前の間に中黒を打ちました

D

准教授＝高野さん？

ダメ文　高野さんは准教授、後藤司さんに話しかけた。

読点を中黒に変えましょう

修正文　高野さんは准教授・後藤司さんに話しかけた。

准教授＝後藤司さんと読める

● まとまった概念を並列に示す

婦人服・紳士服売り場において〜／企画部・営業部における経費は〜／イギリス・フランスの外交官が〜／白・黒・赤の絵の具で描いた作品／豆腐・納豆・味噌などの大豆食品は〜／メリット・デメリットを踏まえて〜

Chapter 2 … 速く短く書く

38 ChatGPTで文章力を上げる
語彙力と表現力が高まる

□ 知らなかった　□ 実践中

　AIを使いこなせれば、文章力はさらに高まります。ここでは、高度な対話型AI・Chat GPTについて紹介します。メールアドレスなどを登録すれば簡単に始めることができるので、さっそく使ってみましょう（登録方法については、右ページをご確認ください）。

　ChatGPTを使って文章力を高める方法を3つご紹介します。

❶ **新たな言葉・表現を獲得する**

　例えば、「メールに使えるお詫びフレーズを10個教えてください」と指示すると、10個のフレーズを出してくれます。それらを「知る→実際に使う」ことで、使える言葉の引き出しが増えていきます。

❷ **類語・対義語を探す**

「いつも同じ（平凡な）言葉ばかり使ってしまう」という方は、類語を調べましょう。例えば「『意欲』の類語をあげてください」と指示すると、「熱意、やる気、意気込み」などの表現が出てきます。対義語を調べることもおすすめです。例えば、「ずぼら」の対義語を調べて「几帳面」が出てきたら、「ずぼらな人⇔几帳面な人」のような対比を使って文章を書いていくこともできます。

❸ **添削・校正してもらう**

　書き上げた文章をペーストしたうえで、「上記の文章を添削・校正してください」と指示するだけで、添削・校正した文章が出力されます。その際、**原文と添削後の文章を比較して、自身の文章の課題点に気づく**ことができます。つまり、ChatGPTを"赤ペン先生"にして文章力を磨いていけるのです。

AIを使いこなして文章をレベルアップする

● ChatGPTなら簡単に登録＆すぐに使える

1. ChatGPTのページ(https://chatgpt.com/)にアクセスします。
2. 表示される「Sign up(サインアップ)」をクリックします。
3. メールアドレスやパスワードを入力すると、入力したアドレスにメールが届きます。そのメールに記載されたリンクから、使い始めることができます。

＊スマホ版では、アプリをダウンロードして使うこともできます。 ＊無料ですぐに始められますが、有料版もあります。

活用法❶　新たな言葉・表現を獲得する

指示文(プロンプト)　仕事を依頼するメールに使える結びの言葉を3つ教えてください。

ChatGPTの回答
- この件についてご協力いただけますと幸いです。何卒よろしくお願い申し上げます。
- ご多忙のところ恐れ入りますが、ご回答いただけますと助かります。
- ご協力いただけることを心より願っております。ご検討のほど、よろしくお願いいたします。

活用法❷　類語・対義語を探す

指示文(プロンプト)　「効果がある」の類語を5つ教えてください。

ChatGPTの回答　有効　効果的　成果が出る　功を奏する　効き目がある

活用法❸　添削・校正してもらう

指示文(プロンプト)　プロジェクトの進捗を確認した会議が、Aチームが11日(木)に開催する予定です。上記文章を添削・校正してください。

ChatGPTの回答　Aチームが11日(木)に開催する会議で、プロジェクトの進捗を確認する予定です。

＊ ChatGPT が出力する文章は、その内容に誤りが含まれていることがあります。違和感を抱いた際は、鵜呑みにせず、別の手段を用いて調べるクセをつけましょう。また、AIの性質上、記載されているものと同じ質問（プロンプト）をしても、必ずしも同じ回答が出てくるとは限りません。ご了承ください。

Chapter 2 … 速く短く書く

ChatGPTのプロンプトは具体的に書く
出力される文章も具体的になる

□ 知らなかった □ 実践中

ChatGPTは「プロンプト（指示文）」が具体的なほど、文章の具体性が増します。 以下は、❶→❸の順でより具体的です。

【例：お礼メールを作成してもらうプロンプト】
❶ 仕事を手伝ってもらったので、お礼メールを書いてください。
❷ 昨日、同僚の青木さんに資料作成を手伝ってもらいました。お礼メールを書いてください。
❸ 昨日、同僚の青木さんに営業資料の作成を手伝ってもらいました。青木さんが質の高い商品データを盛り込んでくれました。お礼メールを書いてください。

【例：提案書を作成してもらうプロンプト】
❶ 仮眠室設置の提案書の提案概要を書いてください。
❷ 弊社ビル７階の空き部屋に仮眠室を設置する提案書の提案概要を書いてください。
❸ 弊社ビル７階の空き部屋に仮眠室を設置します。仮眠室内には２段式カプセルベッドを設置。事前予約制で1名最長で30分の利用とします。提案書の提案概要を書いてください。

もっとも、**ChatGPTの文章に依存しすぎてはいけません。**「内容（事実など）に間違いはないか？」「目的や読み手の立場に合った文体・トーンになっているか？」「自分の考えや気持ちとズレていないか？」などを丁寧に見ながら、文章を最適化していきましょう。

プロンプトの書き方をマスターする

● プロンプトはできるだけ具体的に書く

> **お礼メールのプロンプト**

昨日、同僚の青木さんに営業資料の作成を手伝ってもらいました。青木さんが質の高い商品データを盛り込んでくれました。お礼メールを書いてください。

> **ChatGPTの回答**

青木さん、お疲れ様です。
昨日は営業資料の作成を手伝っていただき、心から感謝しております。とくに青木さんが提供してくださった質の高い商品データは、資料を大きく引き立てるものでした。おかげさまで、より具体的かつ魅力的な内容に仕上がり、クライアントからの評価も高くなること間違いなしです。
このような素晴らしいサポートをしていただき、本当に助かりました。今後も何かとご一緒する機会が増えると思いますが、引き続きよろしくお願いします。改めて、昨日の大変なご支援に深く感謝いたします。お忙しい中ありがとうございました。

> 具体的な回答が得られました

● 回答文をブラッシュアップして文章の質を高める

内容

文体・トーン

気持ち・考え

> ズレがないかチェックして文章を最適化しましょう

＊AIの性質上、記載されているものと同じ質問（プロンプト）をしても、必ずしも同じ回答が出てくるとは限りません。ご了承ください。

Chapter 2　…　速く短く書く

メールとチャットの違いを理解する
目的や場面によって最適なツールが異なる

□ 知らなかった　□ 実践中

　ビジネスシーンでは、メールとチャットの特徴を押さえたうえで、目的や場面に応じて、賢く使い分ける必要があります。

　メールとチャットは、次のようにそれぞれ異なる特徴をもっています。「相手がどちらでのやり取りを望んでいるか」も考えて使い分けるようにしましょう。

【形式とトーン】
メール：正式な依頼、重要な通知など、フォーマルな伝達に適しています。長い説明をする際や、記録として残したいときにも有効。あいさつや結びの言葉を含め、丁寧な言葉遣いが求められます。
チャット：会話寄りのカジュアルさが特徴。日常的な確認事項、緊急の問い合わせなど、スピードを要するやり取りに向いています。短文でのやり取りが多く、かしこまったあいさつなどは不要です。

【時間】
メール：返信に時間がかかることも珍しくありません。一般的には「24時間以内に返信をするのがセオリー」と言われています。
チャット：テンポのいい対話形式のやり取りが可能。数十秒〜数十分での返信が期待されることも多いツールです。

【セキュリティ】
メール：個人情報や機密情報など、安全性を求める情報交換に適しています。
チャット：情報漏えいなどのリスクがあるため、機密情報の扱いには注意が必要です。

メールとチャットをうまく使い分ける

● メール文章の定番

あいさつ文の定番

- (いつも)お世話になっております。
- はじめまして／はじめてご連絡を差し上げます。
- ご無沙汰しております。

> 相手や場面に応じて、本文の冒頭に「あいさつ文」を、終わりには、「結びの言葉」を入れる

結びの言葉の定番

- よろしくお願いいたします
  （よろしくお願い申し上げます）
- 何卒よろしくお願いいたします
  （何卒よろしくお願い申し上げます）
- 引き続きよろしくお願いいたします
  （引き続きよろしくお願い申し上げます）

> 本文が長くなるときは、箇条書きなど、相手が受け取りやすいよう工夫を凝らしましょう

● チャット文章の注意点

注意1 短文でも、相手への配慮を忘れずに。お礼や感謝、ポジティブな声がけをすることも大切。

注意2 複数のメンバーが参加しているチャットでは、誰の何に対する返信なのかを明確にする。

注意3 絵文字やスタンプの利用は、チャットメンバーとの関係性や、やり取りの内容などに応じて検討する。

● チャットは短文コミュニケーションが主流

 Aさん: 新しい広告キャンペーン案を3パターン作成しました。フィードバックをお願いします。

自分: 確認しました！ 学生向けのC案、引きがありそうですね。

Bさん: 色味が最高です。タイトルロゴ、もう少し丸みがあると商品イメージに合うかもしれませんね。

自分: たしかにそうですね。タイトルロゴ、丸みを意識してアップデートをお願いします！

Chapter 2 　…　速く短く書く

41 「単語登録機能」を活用する
文章作成のスピードが上がる

□ 知らなかった　□ 実践中

　文章を書くスピードを上げるためには「単語登録機能」の活用は欠かせません。**あらかじめ、ふだんよく使う言葉をパソコンの日本語入力ソフトウェアに登録しておくことで、文章作成の時間を大幅に短縮できます。**

　右ページの表は、私が実際に自分のパソコンに登録している言葉です。「あど」と打てば、自分のメールアドレスに変換され、「じゅう」と打てば、自宅の住所に変換されます。また、「よろ」だけでも、「よろしくお願いいたします。」「よろしくお願い申し上げます。」「よろしくご査収願います。」など数パターン登録してあるので、状況に応じて使い分けられます（変換キーで選択できます）。

　単語登録を活用すると、入力速度がアップするほか、「誤字脱字の減少＝校正時間の短縮効果」も得られます。つまり、書く時間をトータルで短縮できるのです。

　名前・住所・アドレスなど、この先何百回となく使う言葉は、パソコンを購入したらすぐに単語登録しましょう。また、「これはよく使う言葉だな」と思ったときは、そのつど、まめに登録することをおすすめします。たかが数文字でも、「塵も積もれば山となる」で、大きな時間短縮に結びつきます。

よく使う言葉を登録する

● 登録する単語の一例

入力文字	表示される言葉
やま	山口拓朗
あど	yamaguchitakuro@xxxx.co.jp
おせ	お世話になっております。
おて	お手数をおかけいたしますが、
よろ	よろしくお願いいたします。
こん	今後ともよろしくお願いいたします。
おは	おはようございます。
あり	ありがとうございます
じゅう	〒 175-xxxx 東京都板橋区○○○○ x-x-x
けい	090-9xxx-8xxx
げん	『「うまく言葉にできない」がなくなる 言語化大全』
わら	（笑）
あせ	（汗）

● 単語登録の手順　※Windows 11 Microsoft IMEの場合

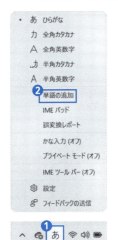

❶ 画面下の言語バーをクリックし、❷ メニューから「単語の追加」を選ぶ

❸「単語」と❹「よみ」を入力し、❺「登録」をクリックすれば完了

【速く短く書く】

Chapter 2 のおさらい

- ☐ 文章の内容を吟味し、重要性の低いもの、くどい言い回しなどをカットする。

- ☐ 結論を冒頭ではっきりと書き、余計な前置きや注釈は省く。

- ☐ カッコや中黒（・）を使い、誤読されにくい文章を書く。

- ☐ 「〜こと」「〜もの」「の」や接続詞の使い方に注意する。

- ☐ ChatGPTなどの生成AIを活用し、文章作成の手間を省く。

Chapter

3

社会人として恥ずかしくない文章を
正しく書く

ビジネスパーソンとしての信頼を得るには、
文章を正しく書くことが大切。
Chapter3をしっかり読み込み、
自分の文章を改めて点検してみてください。

Chapter 3 … 正しく書く

42 主語と述語を正しく対応させる
言葉の関係性がはっきりして分かりやすくなる

□ 知らなかった　□ 実践中

　主語と述語を正しく対応させる――文章を書くうえでの鉄則です。**主語と述語が正しく対応していない文章は、「伝わらない文章」の典型です。**読者の理解度が著しく下がる恐れがあります。

　Aの【ダメ文】は、「○○○小学校は」という主語に、「評価している」という述語を組み合わせるのは不自然です。通常、学校の評価は他者がするものだからです。もし主語を「○○○小学校は」にするなら、【修正文】❶のように直す必要があるでしょう。「主語（○○○小学校は）」と「述語（有名だ）」が正しく対応した文章であれば、まったく問題はありません。

　一方で、もし述語の「評価している」を残すなら、おそらく、対応する主語は「筆者（私）」でしょう。したがって、【修正文】❷のような文章にするのが適切です。「私は」という主語を加えて、述語（評価している）と正しく対応させました。

　なお、**主語と述語の距離は、できる限り近づけます。**いつまでも述語が登場しないと、言葉の関係性がはっきりせず、「読みにくい文章」「分かりにくい文章」と思われてしまいます。

　Bの【ダメ文】の主語は「医療業界は」で、述語は「成果を上げている」です。しかし、途中に挟んだ「医療DXの〜進んだことにより」が長すぎるために、内容の理解に時間がかかります。読む人に「いったいどういう意味なの？」と頭を使わせてはいけません。【修正文】では、「医療業界は」と「成果を上げている」を近づけたことで【ダメ文】より分かりやすい文章になりました。

主語と述語の関係を明確にする

A

ダメ文

「評価する」のは誰？

○○○**小学校は**、学業はもちろん、人間育成に熱心な学校としても、その校風を**評価している**。

主語と述語を対応させます

修正文

❶ 述語を調整

○○○**小学校は**、学業はもちろん、人間育成に熱心な学校としても**有名だ**。

理解がスムーズに

❷ 主語を調整

○○○小学校は、学業はもちろん、人間育成に熱心な学校としても有名だ。**私は**、その校風を**評価している**。

文章が分かりやすい

B

ダメ文

何の話か分かりにくい

医療業界は、医療DXの導入医院数が10年間で爆発的に増え、業務の効率化や自動化が進んだことにより、ここ数年、業務改革の面で大きな**成果を上げている**。

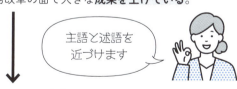
主語と述語を近づけます

修正文

ここ数年、**医療業界は**、業務改革の面で大きな**成果を上げている**。医療DXの導入医院数が10年間で爆発的に増え、業務の効率化や自動化が進んだからだ。

意味がスッと入ってくる

Chapter 3 … 正しく書く

43 論理的につじつまを合わせる
読み手が文章の意味を正しく理解できる

□ 知らなかった　□ 実践中

「内容がちぐはぐだ」「筋が通っていない」——そんな指摘を受けたことはありませんか？ それらの原因の多くは非論理的な文章にあります。非論理的な文章とは、つじつまの合わない文章のこと。「伝わらない文章」そのものです。

Aの【ダメ文】は、前後半の文章を**順接の接続詞「だから」**でつなげています。しかし、よく見ると、前後半の文章は、別次元（別論点）の内容であり、論理的な整合性を欠いています。両者を「だから」でつなげるのは強引です。

論理的に整理された【修正文】であれば、つじつまが合います。

つじつまの合った文章は、「伝わる文章」の大前提です。違和感を抱いたときは、放置せず、必ずその原因を突き止めましょう。

つじつまが合わない文章の原因はさまざまですが、中でも多いのが、書き手が認識している論理そのものがずれているケースと、誤った用途で接続詞を使っているケースです。

Bの【ダメ文】は、前後半の文章を**逆接の接続詞「しかし」**でつなげていますが、微妙につじつまが合いません。

一方、前半の「趣味だ」と後半の「我慢する」をつないだ【修正文】なら、つじつまが合います。

Cでは、**順接の接続詞「それで」**で前後半の文章をつなげると「おかしな文章」になってしまいます。一方、条件や例外を示す接続詞「ただし」を用いた文章であれば、違和感なく理解できます。

意味が正しくつながるよう、つじつまを合わせる

A

「だから」の前後がつながらない

ダメ文 ✕　上司からの指示を待っているだけでは成長できない。**だから、手を抜かずに頑張ろう。**

前後の文を整合させます

修正文　上司からの指示を待っているだけでは成長できない。**だから、率先してアイデアを出そう。**

つじつまが合う

B

前後の内容がずれている

ダメ文 ✕　ショッピングが唯一の趣味だ。**しかし、**金欠の月もあれば、お金に余裕がある月もある。

前後の文章を正しくつなぐ

修正文　ショッピングが唯一の趣味だ。**しかし、金欠の月は欲しいものを我慢する。**

意味の通る文章に

C

筋が通らない

ダメ文 ✕　私は毎日ジョギングをしている。**それで、**雨の日は走らない。

正しい接続詞に変える

修正文　私は毎日ジョギングをしている。**ただし、**雨の日は走らない。

筋の通った文章に

Chapter 3 … 正しく書く

 # 「さ入れ言葉」と「二重敬語」に注意
「馬鹿丁寧」「慇懃無礼」と思われる恐れがある

□ 知らなかった　□ 実践中

　間違った敬語の使い方の中でも、よく見かけるのが、誤用となる「さ入れ言葉」です。「〇〇させていただきます」と書くと、**謙虚で丁寧な言い回しになります。ただし、どんな動詞にも「させる」を付けていいわけではありません。**

　助動詞の「せる」「させる」は、五段活用の動詞（「送る」「読む」など）には「せる」を、それ以外の動詞（「受ける」「着る」「建てる」など）には「させる」を付けるのが原則です。

　本来「せる」を付けるべき動詞に「させる」を付けた表現が「さ入れ言葉」です。

　Aは、いずれも五段活用の動詞ですから「せる」を付けるのが正しいのですが、「させる」を付けて「さ入れ言葉」になってしまっています。

　また、似たような誤用に、ひとつの言葉に2つ以上の敬語を付けてしまう「二重敬語」があります。

　Bは、不必要な敬語を重ねてしまい、正しい日本語になっていません。

　本人にそのつもりはなくとも、「二重敬語」を書くことによって、読む人に「馬鹿丁寧」「慇懃無礼」と思われてしまう恐れがあります。

　なお、**二重敬語の中には、「お召し上がりになる」（正しくは「召し上がりになる」）「お伺いします（正しくは「伺います」）など、慣用化しつつある言い回しもあります。**

敬語を正しく使う

A

× 今日中に**送らさせて**いただきます。
○ 今日中に**送らせて**いただきます。

× 本文を**読まさせて**いただきます。
○ 本文を**読ませて**いただきます。

× **買わさせて**いただきます。
○ **買わせて**いただきます。

× **動かさせて**もらいます。
○ **動かせて**もらいます。

五段活用の動詞には「せる」を付けましょう

B

× お読みに**なられ**ましたでしょうか。
○ お読みに**なり**ましたでしょうか。

× お召し上がりに**なられ**ました。
○ お召し上がりに**なり**ました。

× 先生が**おっしゃられた**ことは、ごもっともです。
○ 先生が**おっしゃった**ことは、ごもっともです。

× お電話で**お承りしました**。
○ お電話で**承りました**。／お電話で**お受けしました**。

× 料理を**なされる**そうですね。
○ 料理を**なさる**そうですね。／料理を**される**そうですね。

ひとつの言葉に付ける敬語はひとつにしましょう

Chapter 3 … 正しく書く

45 二重否定は避ける
誤読や混乱を招きやすくなる

□ 知らなかった　□ 実践中

　賛成しないわけではない。——否定の言葉を連続で使う語法を「二重否定」といいます。「分かりやすさ」が求められる実務文で二重否定を使うと、誤読や混乱を招きやすくなります。

　二重否定とは「否定×否定＝肯定」のこと。つまり、二重否定の文章は、Ａのようにそもそも肯定文で書くことができるのです。

　二重否定の場合、「〜かもしれない」「〜だろう」などの表現を使うと、肯定の文章にしやすくなります。

　もっとも、二重否定を「ダメ文の元凶である！」と断罪するつもりはありません。

　そもそも二重否定には、「完全な肯定」ではない、「やや消極的な肯定」というニュアンスがあります。それだけに、はっきりと言いにくいケースや、明言を避けたいケース、あるいは、相手を煙に巻きたいケースなどで重宝します。

　また、Ｂのように、**あえて肯定を強調する意味で使うこともあります。**

　このように、用途の広い二重否定ですが、やはり情報伝達を主目的とする実務文には向きません。

　「何かしらの事情があって、どうしても書き手が責任を回避しなければならないとき」や「どうしても意見をあいまいにしなければいけないとき」以外は、できる限り、使用を控えましょう。

二重否定は肯定文にしてシンプルにする

A

✕ 試験に受かる可能性が**ないわけではない**。
◯ 試験に受かる可能性**もある**。

✕ 契約**しないとも限らない**。
◯ 契約**するかもしれない**。

✕ 上司からの評価は、**悪いこともない**。
◯ 上司からの評価は、**まあまあ良い**。

✕ 納期を**ずらせないこともない**。
◯ 納期を**ずらせるかもしれない**。

✕ 上司の責任**といえなくもない**。
◯ 上司の責任**ともいえる**。

「〜かもしれない」や「〜だろう」などの肯定文にすると意味が分かりやすいですね

B

❶ 部下を**助けないわけにはいかない**。
❷ この教材で**合格しない人はいない**。
❸ 彼に**できないわけはない**。

意図
❶ 必ず助ける
❷ 必ず合格する
❸ 必ずできる

肯定を強調するために二重否定を使うこともあります

Chapter 3 … 正しく書く

46 「意味がありそうでない言葉」を使わない
あいまいさが消えて理解しやすい文章になる

☐ 知らなかった　☐ 実践中

「意味がありそうで実はない」「実は意味が間違っている」。無意識のうちに、そんなあいまいな言葉を使っていませんか？ **ほとんどの場合、元凶となる言葉を削除することによって、理解しやすい文章になります。**

A の「ふつうに」とはどの程度でしょう？　何を基準にしているのでしょうか？　よく分かりません。

B は「ほう」と付ける必要がありません。

C の「要するに」は「かいつまんで言えば」という意味です。「要するに」のあとに、ダラダラと文章が続いています。これでは「かいつまんでいる」とはいえません。

D で使っている「逆」には、本来「方向が反対」というニュアンスがあります。しかし、明日は本日の反対方向ではありません。

E のように「〜的」という言葉を使う背景には、言葉をあいまいにして責任を回避する狙いや、周囲との関係を穏便に済ませる狙いがあるのかもしれません。しかし、**読む人にしてみれば、はぐらかされたようで、あまりいい気持ちがしません。**

「基本的に凝り性です」「基本的に映画好きです」のような言い回しにも要注意です。「凝り性です」「映画好きです」で済むからです。

F の「何げに」は、「わりあい」「なかなか」「本当は」「実は」というように、いろいろな意味で使われている俗語です。ニュアンスがつかみにくい言葉なので、実務文での使用は避けましょう。

無意識に使いがちな「あいまい言葉」に注意

A
- ✗ あの担当者は、**ふつう**に嫌いです。
- ○ あの担当者は嫌いです。　「ふつう」の基準が不明

B
- 「ほう」をつける必要がない
- ✗ 住所の**ほう**はお書きいただけましたか？
- ○ 住所はお書きいただけましたか？

C
- 要約できていない
- ✗ 要するに、本年度の売上は下がり、**しかも〜**
- ○ 要するに、本年度の売上は下がっています。

D
- ✗ 本日を予定していましたが、別件が入りました。**逆に**、明日はいかがでしょうか？　「逆」になっていない
- ○ 本日を予定していましたが、別件が入りました。明日はいかがでしょうか？

E
- ✗ **私的**には反対です。
- ○ 私は反対です。　「的」は主張をあいまいにする

F
- 「何げに」がなくても通じる
- ✗ **何げに**評価されている。
- ○ 評価されている。

あいまいな表現がなくなると情報の解像度が高まります

Chapter 3 … 正しく書く

 呼応表現を正しく使う
読む人に負担をかけないのが日本語のエチケット

□ 知らなかった　□ 実践中

文中である言葉を使った際に、決まった言葉や表現で受けなければいけないケースがあります。これを「呼応表現」といいます。

呼応が正しくない文章はダメ文です。文章の据わりが悪く、論理も破綻しているため、読む人に負担を強いることになります。

 A で使っている、理由を表す接続詞「なぜなら〜」は、「〜（だ）から」で受ける必要があります。「結果＋理由（原因）」の文章です。

 同じく、**B** のように「結果＋理由（原因）」の文章には、「〜したのは」を、「〜（だ）から」で受ける文型もあります。「結果（失敗）＋理由（見通しが甘かった）」です。この文型は「事業に失敗した。なぜなら、見通しが甘かったからだ。」という具合に、「なぜなら、〜（だ）から」の文型でも言い換えられます。

 C のように、テーマを示す「最大の不安は〜」の受けに、理由や原因を示すときに使う「〜（だ）から」を組み合わせるのは誤りです。ここはテーマの内容を受ける「〜こと」を使います。

 また、この型は「テーマ（夢・目標）＋内容」にも使われます。「彼の夢は独立起業することです。」という具合です。

 D のように、「〜は」を「〜にある」で受ける文型もよく使います。後半の「〜」には場所や所在、在処、ポイントなどに関連する言葉が入ります。

 E のように、「〜には」を「〜がある」で受ける文型もよく使います。前半を「〜では」としてしまうと違和感が生まれます。

基本的な呼応表現を覚える

A

呼応が正しくない

ダメ文 ❌ 学生時代に、いろいろな本を読んでおいたほうがいい。**なぜなら**、社会人になると読書をする時間がほとんどとれなくなる。

「なぜなら」は「〜から」で受けます

修正文 ⭕ 学生時代に、いろいろな本を読んでおいたほうがいい。**なぜなら**、社会人になると読書をする時間がほとんどとれなくなる**から**だ。

論理的な表現になった

B

ダメ文 ❌ 事業に**失敗したのは**、見通しが甘かった**のだ**。

「結果＋理由」は「〜から」で受ける

修正文 ⭕ 事業に**失敗したのは**、見通しが甘かった**からだ**。

C

ダメ文 ❌ 最大の**不安は**、ユーザーの行動が予想できない**から**です。

テーマの内容は「〜こと」を使う

修正文 ⭕ 最大の**不安は**、ユーザーの行動が予想できない**こと**です。

D

ダメ文 ❌ 勧誘の**コツは**、声のかけ方**だ**。

場所やポイントは「〜にある」

修正文 ⭕ 勧誘の**コツは**、声のかけ方**にある**。

E

ダメ文 ❌ 登山**では**、さまざまな危険**がある**。

「〜には」＋「〜がある」が正しい形

修正文 ⭕ 登山**には**、さまざまな危険**がある**。

Chapter 3 … 正しく書く

並べる「たり」を正しく使う
並列関係にある言葉の意味が明確になる

□ 知らなかった　□ 実践中

　同類の動作や状態を並べて書くときには、並列助詞「たり」を使います。「昨夜は、飲んだり歌ったりして大いに盛り上がりました。」これが、並列助詞「たり」を使った文章です。

　並列助詞「たり」は、「〜たり、〜たり」という具合に、反復して使うのが原則です。ところが、使い方を勘違いしている文章——「たり」を反復させずに、一度しか使っていない文章——をしばしば見かけます。

　Aの【ダメ文】でも意味は伝わりますが、並列助詞「たり」の原則に反しています。この文章では、残りの商品を売るために、2つのことをしています。ひとつは「呼びかけ」で、もうひとつは「値引き」です。これらは、並列の関係にあります。したがって、並列助詞「たり」を使うことに問題はありません。

　ただし、並列助詞「たり」は、「〜たり、〜たり」という具合に、反復して使うのが原則です。**片方だけに「たり」を使った文章は、本来の使い方・用法に反しています。**

　並べる情報の語順は、「重要度が高い情報→低い情報」がセオリーです。もっとも「もたつきを感じる」など違和感を抱いた際には、語順の入れ替えを検討してもOKです。

　なお、「たり」には、**B**のように反対の意味の語を2つ並べて、その動作・状態が交互に行われる様子を表す用法もあります。

　Cのように単独で使用し、ひとつの動作や状態を例に挙げて、ほかにも同類の事柄があることを示す副助詞的用法もあります。

「〜たり」は反復して使う

A

「〜たり」の使い方が間違っている

ダメ文　私たちは、道を歩く人に呼びかけ**たり**、値引きを**する**ことで、残りの商品を売り切ろうとした。

「〜たり」の原則にしたがいます

修正文　私たちは、道を歩く人に呼びかけ**たり**、値引きをし**たり**することで、残りの商品を売り切ろうとした。

正しい文章になった

B

- **寝たり起きたり**をくり返す夏休みを送っている。
- 去年の夏は**暑かったり寒かったり**と気候が異常だった。
- 肩の疲労には、腕を**上げたり下げたり**する運動が有効です。

反対の意味の語を並べて交互に行われる様子を表します

C

ケガをされ**たり**したら大変だ。

単独でほかにも同類の事例があることを示します

Chapter 3　…　正しく書く

49 つい使いがちな二重表現に注意する
「間違っている」と思われるリスクを避けられる

☐ 知らなかった　☐ 実践中

「頭痛が痛い」「日本に来日する」など、気をつけなければいけない二重表現（同じ意味の語を重ねて使う言い方）を紹介しましょう。二重表現は、慣れで使ってしまうケースがほとんどです。したがって、使いがちなものを知っておくことが大切です。

　Ａ が使いがちな二重表現です。

「知らないうちに使っていた」という言葉が、いくつかあったのではないでしょうか。一方 Ｂ のように、**二重表現の中でも、使われてもおかしくない、つまり、容認されているものもあります。**

　二重表現の容認は、「話し言葉」と大きな関係があります。口に出したときに、多くの人が違和感を感じないものは、容認へと向かいやすくなるのです（指摘する人も少ないため）。言葉は時代とともに変化するので、かたくなに本来の意味にしがみつく必要はないのかもしれません。

　上に書いた「違和感を感じない」の重複に気づかなかった方もいたはずです。「違和感を感じない」は、「危機感を感じない」などと同様に、頻繁に使われている二重表現ですが、これもまた容認へと向かいつつある言葉のひとつです（本来は「違和感がある・ない」「違和感を覚える」「違和感を抱く」という形で使います）。

　世の中には、二重表現を気にする人もいれば、気にしない人もいます。とはいえ、少なくとも、**書き手が意識的に二重表現を避けることによって、読む人に「言葉の使い方が間違っている」と思われるリスクは避けられます。**

使いがち／容認されている二重表現を知っておく

A

使いがちな二重表現

- 一番最初／一番最後（「最」は一番の意味） ● まず最初に
- 馬から落馬する ● 尽力を尽くす ● 必ずしも必要ない
- 雪辱を晴らす（正：雪辱する／雪辱を果たす）
- 余分な贅肉 ● はっきり断言する ● 内定が決まる
- 捺印を押す ● 初デビュー ● 今の現状
- 全く皆無 ● 断トツの１位（「断トツ」は断然トップ＝１位の略）
- 思いがけないハプニング ● 返事を返す ● 挙式を挙げる
- 最後の切り札 ● かねてからの懸案 ● あとで後悔する
- すべて一任する（「一任」は、全部任せること）
- 頭をうな垂れる（「うな（項）」とは首の後ろの部分）
- 沿岸沿い ● 慎重に熟慮する ● 色が変色する
- 春一番の風 ● 過半数を超える（正：過半数に達する）
- 本来から／本来より ● 満天の星空（正：満天の星）
- 列強諸国（「列強」は、強い力をもつ国々という意味）
- 炎天下の下 ● まだ未解決／まだ未定／まだ未完成
- 製造メーカー（「メーカー」とは製造業者の意味）

二重表現だと知っていても、慣れで使ってしまいがちです

B

容認される二重表現

- 犯罪を犯す ● 被害を被る（正：被害を受ける）
- 歌を歌う／踊りを踊る ● 指を指す ● 遺産を遺す
- 選挙戦を戦う ● 上を見上げる

世の中に浸透し、容認されている二重表現もあります

Chapter 3 … 正しく書く

「させていただく病」を治す
相手に違和感や不快感を与える場合がある

□ 知らなかった　□ 実践中

　不要なケースで「させていただきます」を使う人が増えています。**シチュエーション次第では、相手に違和感や不快感を与えかねません。**「させていただきます」の意味は、「相手の許容の範囲で自分の行為をする（した）という謙遜の気持ちの表れ」です。

　不要な「させていただきます」には下記のタイプがあります。

A 簡潔にできるタイプ
　「（建前上）相手に許可を求めないと失礼にあたる」という場面でもなければ、簡潔に「いたします」と書けばいいでしょう。

B そもそも許可をもらう必要がないタイプ
　誰かの許可を必要とする類のものではありません。

C 身勝手タイプ
　本来、相手の許可を得なければいけないシチュエーションであるにもかかわらず、「させていただきます」と断言するのは身勝手です。許可を求める言葉に変更する必要があります。

D 敬意を払う対象がおかしいタイプ（対外的なメールにて）
　社外の人に対して自分や身内（自社）について伝えるときに「させていただく」を使うのは不自然です。「別に私は許可した覚えはないけど……」と相手は内心で苦笑しているかもしれません。

E 「さ入れ言葉」のタイプ
　本来「せる」と書かなければいけない言葉（五段活用の動詞）に、余計な「さ」を入れて、「させる」と書いた「さ入れ言葉」です。

「させていただく」の間違った使い方を知る

A
- ダメ文：請求書をお送り**させていただきます**。
- 修正文：請求書をお送り**いたします**。

> 簡潔に「いたします」を使う

B
- ダメ文：営業を頑張ら**させていただきます**。
- 修正文：営業を頑張り**ます**。

> そもそも許可をもらう必要がない

C
- ダメ文：表紙のロゴを削除**させていただきます**。
- 修正文：表紙のロゴを削除**してもよろしいでしょうか**。

> 断言ではなく許可を求める

D
- ダメ文：広報を担当**させていただいております**。
- 修正文：広報を担当**しております**。

> 自分に敬語を使うのは不自然

E
- ダメ文：読ま**させていただきます**。
- 修正文：読ま**せていただきます**。

> 詳しくは44項をチェックしましょう

Chapter 3 … 正しく書く

51 似たような言い回しに注意する
正しい表現を使えば文章の信頼性が高まる

□ 知らなかった　□ 実践中

　日本語には、似たような意味の言葉がたくさんあるため、文章を書くときに「どっちが正しい？」と迷うケースも少なくありません。間違えないためには、それぞれの意味を正しく把握しておく必要があります。

　🅰 の場合、正しい文章は❶です。❷に違和感を覚えるのは、文章の視点が「今」にあるにもかかわらず、「翌（週）」が使われているからです。

「翌」が使えるのは、過去か未来の一地点に視点を置いたときだけです。「今」「今日」「今週」「今月」など、「今」に視点を置いた文章を書くときには「翌」を使うことはできません。

　🅱 の「弊社」は自社を謙遜して使う表現です。一方、「当社」には謙遜の意味はありません。社内にて自分の会社を競合他社と比較するときなど、対等な位置づけで表現していいケースで使用します。

　取引先や顧客へのメールに「弊社」を使う一方、商品の宣伝など不特定多数に向けた文章では「当社」を使うこともあります。

　🅲 の❶と❷はどちらも誤りではありませんが、意味が異なります。「おざなり」は、「大雑把なさま」「中途半端なさま」を意味します。❶の場合、「（コンサルタントは）仕事はするものの、その仕事ぶりが大雑把だったり、中途半端だったりする」という意味です。

　一方の「なおざり」は、「そのままの状態で放っておく」「避けて通る」「必要な対応を怠る」というニュアンスです。❷の場合、「（コンサルタントは）仕事をせず、状況を放置する」という意味です。

間違えやすい表現を覚えておく

A

❶が正しい

❶ 今週は来客が多かったが、**来週**は少ないはずだ。
❷ 今週は来客が多かったが、**翌週**は少ないはずだ。

視点が今なら「来」を使います

B

❷が適切

❶ 次回の会議ですが、**当社**からは西野が出席いたします。
❷ 次回の会議ですが、**弊社**からは西野が出席いたします。

自社を謙遜して言うなら「弊社」です

C

意味が異なる

❶ あのコンサルタントの仕事は**おざなり**です。
❷ あのコンサルタントの仕事は**なおざり**です。

仕事ぶりが悪いなら「おざなり」
仕事をしないなら「なおざり」です

D の文章で正しいのは、❷の「言いづらい」です。漢字で考えると一目瞭然です。「言いづらい」＝「言う＋辛い（つらい）」です。辛いには「〜するのが難しい」という意味があり、言うのが難しいから、「言いづらい」なのです。「分かりずらい」「書きずらい」「動きずらい」「しずらい」等々、無意識に「〜ずらい」を使っている方は十分に注意しましょう。

E の場合、正しいのは❷の「過ち」です。何かをしくじること、やり損なうことをを「過ち」といいます。そもそも「誤ち」という表記はありません。「誤り」と混同している人がいるようです。

F は、❷の「新規まき直し〜」が正しい表現です。種を蒔いても芽が出なかったため「種を蒔き直す」という意味です。転じて、もう一度新しくやり直すこと。劣勢の状態から勢いを盛り返して反撃に転ずる「巻き返し」と混同して使っている人が多いようです。

G で正しいのは❶の「脚光を浴びる」です。舞台に立つことや、世間の注目の的となることを「脚光を浴びる」といいます。「注目を集める」「関心を集める」と混同しないようにしましょう。

H で正しい表現は❶の「ご教示」です。「教示」は、自分が知らない知識や方法などを相手から教わりたいときに使います。一方の「教授」は、学問や芸事、専門技術などを身につけるために、相手から体系的・継続的に教えを請うときに使います。ふだん仕事で使うメールでは「ご教示」を使うケースが多いはずです。

I では❷の「雪辱を果たす」が正しい言い回しです。「雪辱」は「前に受けた恥をそそぐこと」という意味。すでに「そそいでいる」ので、そのうえ「晴らす」必要はありません。「屈辱を晴らす」であれば正しい表現です。

J の「お返事」と「ご返事」はどちらでもOKです。「お返事」は和語（やまとことば）風で、「ご返事」は漢語風です。女性は「お返事」を使う人のほうが多いというデータもあります。

D
① 言い**ずらい**。
② 言い**づらい**。　❷が正しい

「言う＋辛い（づらい）」で「言いづらい」です

E
① **誤ち**を隠していた。
② **過ち**を隠していた。　❷が正しい

F
① **新規巻き返し**を図る。
② **新規まき直し**を図る。　❷が正しい

G
① 期待の新人として脚光を**浴びる**。　❶が正しい
② 期待の新人として脚光を**集める**。

H
① 作成の手順について**ご教示**ください。　❶が正しい
② 作成の手順について**ご教授**ください。

I
① デビュー戦の**雪辱を晴らす**。
② デビュー戦の**雪辱を果たす**。　❷が正しい

J
① **お返事**いただけますと幸いです。
② **ご返事**いただけますと幸いです。　どちらでもOK

Chapter 3 … 正しく書く

52 実は間違っている言い回しを避ける
正しいと思い込んでいる表現がある

□ 知らなかった　□ 実践中

　自分では正しいと思って使っていた言葉や言い回しが、実は間違っていた、というケースは少なくありません。

　Aは、「ご自愛」という言葉の中に「体を大事にする」という意味が含まれているため、「お体を」と入れる必要はありません。

　Bの「になります」は、通常、物事の変化や結果を表すときに使う表現です。例えば、「もうすぐ秋になります」「勉強になります」という具合です。「何となく丁寧な印象になるから」といって、闇雲に用いるのは危険です。「です」や「ございます」といった言葉に置き換えられないか検討しましょう。

　Cのように、**身内（自社の人間）の行動について、対外的に伝えるときに「お休みをいただく」と敬語表現を使うことに違和感を覚える人は少なくありません。**「休みを取っております」とシンプルに書けばOKです。敬意が足りないと感じるなら、「あいにく休みを取っております」などの表現を用いればいいでしょう。

　なお、休みを取っていることを伏せたい場合は、「本日、佐々木は終日不在にしております」のように書き方を工夫しましょう。

　Dのような「業社」という言葉は存在しません。必ず「業者」と書きましょう。ビジネスシーンでは、取引相手が会社であるケースが多いためか、つい「業社」と書いてしまうのでしょう。相手が個人のときしか「者」は使えない、あるいは、会社に対して「者」を使うのは失礼である、という思い込みもあるようです。

正しい言い回しを使う

A
× **お体を**ご自愛くださいませ。
○ ご自愛くださいませ。

「ご自愛」と「体を大事に」は重複する

B
× 会議室はビルの8階**になります**。
○ 会議室はビルの8階**です**。

× こちらが顧客データ**になります**。
○ こちらが顧客データ**でございます**。

× 期限は5日(水)の正午**になります**。
○ 期限は5日(水)の正午**です**。

「なります」は尊敬語・謙譲語ではありません

C
× 本日、佐々木はお休みを**いただいて**おります。
○ 本日、佐々木は休みを**取って**おります。

身内に敬語は使わない

D
× 相談できる**業社**を探しております。
○ 相談できる**業者**を探しております。

「業社」という言葉はありません

137

Chapter 3 … 正しく書く

53 対等な関係にある語句は表現を揃える
語句の関係が読み手に分かりやすくなる

□ 知らなかった　□ 実践中

　比較する文章を書くときは、対等の関係にある言葉の表現を揃える必要があります。Aの❶～❸のうち、いちばん理解しやすいのは、どの文章でしょうか？

　理解しやすいのは❸ではないでしょうか。なぜなら「安い⇔高い」の比較が明確だからです。しかも、途中に挟んだ逆接の「一方」が、比較の関係性をより際立たせています。

　それぞれの文章を分解して、言葉を比べてみるとよく分かります。

---
❶ 人件費がかからない → 安い　人件費がかかる → それなりにする
❷ 人件費がかからない → 安い　人件費がかかる → 安くない
❸ 人件費がかからない → 安い　人件費がかかる → 高い

　Bの【修正文】は、「昨日借りた⇔今日借りた」「書きにくかった⇔書きやすかった」という分かりやすい比較にするほか、逆接の「が」を挟むことによって、対比の関係性を明確にしました。

　Cでは「難しくなく ⇔ 難しい」の対比が紛らわしいため、分かりやすく「簡単だ ⇔ 難しい」の対比にしました。また、逆接の「一方で」を挟むことによって、対比の関係性を明確にしました。

　Dは、「持ち家 → 賃貸物件、賃貸物件 → 持ち家」から「持ち家 → 賃貸物件、持ち家 → 賃貸物件」の順番に変えました。これで読む人の混乱や誤解を防げるはずです。

比較の関係性を分かりやすくする

A

例文

❶ 人件費がかからない製品は安く、人件費がかかる製品はそれなりにする。

❷ 人件費がかからない製品は安く、人件費がかかる製品は安くない。

❸ 人件費がかからない製品は安く、人件費がかかる製品は高い。

「安い ↔ 高い」の比較が明確な❸は理解しやすいですね

B

対比が分かりにくい

 ダメ文　昨日借りたペンは書きにくく、今日のはかなり良かった。

修正文　昨日借りたペンは書きにくかった**が**、**今日借りたペンは書きやすかった。**

比較表現を対比させ、逆接の「が」を入れた

対比が明確に

C

対比が紛らわしい

ダメ文　1キロ太るのは難しくなく、1キロ痩せるのは難しい。

修正文　1キロ太るのは**簡単だ**。
一方、1キロ痩せるのは難しい。

対比をシンプルにし、逆接の「一方」を挟んだ

読みやすい文に

D

読み手が混乱する

 ダメ文　持ち家は自由に改装ができるが、賃貸物件は自由に改装できない。また、賃貸物件は資産形成につながらず、持ち家は資産形成につながる。

修正文　持ち家は自由に改装ができるが、賃貸物件は自由に改装できない。また、**持ち家は資産形成につながり、賃貸物件は資産形成につながらない。**

比較する順番を前後で統一

分かりやすい文に

Chapter 3 … 正しく書く

修飾語と被修飾語の距離を近づける
読み手が言葉の関係性を理解しやすくなる

□ 知らなかった　□ 実践中

　修飾語と被修飾語は、できる限り近づけましょう。理想は、被修飾語の直前に修飾語を置いた状態です。

　Aの【ダメ文】は、一読しただけでは、関係性がよく分かりません。「私は」や「ケアマネージャーが」がかかっている言葉は？　修飾語と被修飾語の関係が分かりにくいことが原因です。

　右ページのように、いったん文章を分解しました。この分解作業では、「どの言葉が、どの言葉にかかっているのか」、つまり、**修飾語と被修飾語の関係を明確にしました。あとは、修飾語と被修飾語の距離を近づけるだけです。**

　【修正文】も理想的な文章とはいえませんが、少なくとも、一読したときに意味が理解できるレベルにはなりました。それほど「言葉の配置」は大切なのです。

　Bの「山本さんから」は「聞いた」にかかる言葉です。ところが、両者が離れている【ダメ文】では、修飾語と被修飾語の関係が不明瞭で、「山本さんから」が「鈴木さん」にかかっているようにも見えます。また、主述の関係にある「私は」と「聞いた」も離れているせいで、より分かりにくい文章になってしまっています。

　書き手は言葉の関係性を理解していますが、**読み手は、文章を読みながら、ひとつずつ言葉の関係性を理解していかなければなりません。**

　修飾語と被修飾語を近づけるのは、読む人に対する「おもてなし」だと心得ておきましょう。

140

被修飾語の直前に修飾語を置く

A

言葉の関係性が分かりにくい

ダメ文　私はケアマネージャーが孤独と貧困がお年寄りに与える影響について書いた記事に衝撃を受けた。

分解

- 私は → 衝撃を受けた
- ケアマネージャーが → 書いた
- 孤独と貧困が → お年寄りに与える影響

どの言葉がどの言葉にかかっているのかを整理しましょう

再構成

修正文　孤独と貧困がお年寄りに与える影響についてケアマネージャーが書いた記事に私は衝撃を受けた。

関係性が理解できる

B

「山本さんから」はどこにかかっている？

ダメ文　私は山本さんから鈴木さんが
カナダから戻ってくると聞いた。

修飾語と被修飾語を近づけましょう

修正文　鈴木さんがカナダから戻ってくると、
私は山本さんから聞いた。

スムーズに理解できる

Chapter 3 … 正しく書く

修飾語の順番を適正化する
読者により伝わりやすい文章に変化する

□ 知らなかった　□ 実践中

　修飾語の順番を適正化するだけで、格段に分かりやすい文章に変化します。いくつかある原則の中で、最初に紹介するのが、【「長い修飾語」は先、「短い修飾語」はあと】という原則です。

　🅰 の【ダメ文】を読んで、「小さな届いたばかり」ってどういう意味？ と思った方もいるでしょう。

　実は、「小さな」は、「届いたばかり」ではなく、「イス」を修飾しています。つまり「小さな」と「届いたばかり」という２つの言葉は、どちらも「イス」を修飾しているのです。

　分かりにくくなってしまった原因は、「短い修飾語（＝小さな）」が、「長い修飾語（＝届いたばかりの）」より先にあるからです。

　この文章を【「長い修飾語」は先、「短い修飾語」はあと】の原則にあてはめます。

【修正文】の順番であれば、誤読する人はいないでしょう。

　また、【「節」は先、「句」はあと】という原則もあります。

　節とは「１個以上の述語を含む複文」を指し、句とは「述語を含まない文節＝文の最小単位」を指します。

　🅱 の「共働きの」は「親御さん」を修飾する――これが、この文章の正しい修飾関係です。

　ところが、【ダメ文】では、「節（＝子どもをもつ）」より先に「句（＝共働きの）」を置いたせいで、「共働きの」が「子ども」を修飾しているように見えます。

　節と句を逆転させた【修正文】なら、違和感がありません。

修飾語の順番の原則を守る

修飾語の順番 原則 ❶　「長い修飾語」は先、「短い修飾語」はあと

A

ダメ文　小さな届いたばかりのイス。

「小さな届いたばかり」が意味不明

長い修飾語を先に置きましょう

修正文　届いたばかりの小さなイス。

意味が分かる文になった

修飾語の順番 原則 ❷　「節」は先、「句」はあと

B

ダメ文　共働きの子どもをもつ親御さんが対象です。

「共働きの子ども」に読める

節と句の位置を入れ替えます

修正文　子どもをもつ共働きの親御さんが対象です。

違和感がなくなった

142ページでは【「長い修飾語」は先、「短い修飾語」はあと】【「節」は先、「句」はあと】の2つの原則を紹介しました。

では、下記❶〜❸でもっとも伝わりやすいのはどれでしょう?

❶ 手作りの弾力性がある白いクッション。
❷ 白い弾力性がある手作りのクッション。
❸ 弾力性がある手作りの白いクッション。

2つの原則に従うと、「弾力性がある(節)→手作りの(長い)→白い(短い)」となる❸が理想となります。

ここまでに紹介した2つの原則にしたがっても、違和感をぬぐえない文章が存在します。比較する修飾語の内容(状況)に差があるケースです。この手の文章には、さらにもうひとつの原則【「大きな状況」は先、「小さな状況」はあと】をあてはめましょう。

C の【ダメ文】では、「推薦された」にかかる修飾語が、原則の「長い→短い」順に並んでいます。しかし、お世辞にも読みやすい文章とはいえません。修飾語の内容(状況)に差があるために、単純に「長い→短い」の並びでフォローできないのです。

このような文章では、修飾の順番【「大きな状況」は先、「小さな状況」はあと】の原則をあてはめます。

「大状況→中状況→小状況」と進む【修正文】は、文の構造が明確で、理解に手間取ることがありません。

もちろん、原則には「例外」がつきものです。

D の【ダメ文】では、「父が壊れている」と誤読される恐れがあります。**原則を適用してもなお「違和感が残る」「分かりにくい」「誤読を招く恐れがある」というケースでは、臨機応変に修飾語の順番を入れ替えましょう**(「読点を打つ」「カッコを用いる」「二文に分ける」などの工夫も有効です)。

144

| 修飾語の順番 原則 ❸ | 「大きな状況」は先、「小さな状況」はあと |

C

ダメ文 創業直後のスタートアップ企業から、2024年の秋に社外取締役に私は推薦された。

　　　　　　　　　　　　　　なんとなく読みにくい

状況の大きさによって修飾語の順番を並べ替えましょう

修正文　2024年の秋〈大状況〉、創業直後のスタートアップ企業から〈中の大状況〉、私は〈中の小状況〉、社外取締役に〈小状況〉推薦された。

読む人に伝わりやすくなった

D

ダメ文　壊れた父のラジオ

「父が壊れている」と読める

修飾語を入れ替える

修正文　父の壊れたラジオ

自然な文になった

> **POINT**
> 原則には例外もあるので臨機応変に対応しましょう

Chapter 3 … 正しく書く

56 主語や目的語の省略は適切に行う
書き手が「伝えたつもり」になっているかも

□ 知らなかった　□ 実践中

　日本語では、主語や目的語を省略するケースが珍しくありません。例えば、上司に「明日は、一日中、社内におります。もしお時間がありましたら、簡単な打ち合わせをお願いします」というメモ書きを残すときに、次のような書き方はしません。
「明日は、一日中、私は社内におります。もし鈴木次長にお時間がありましたら、私と鈴木次長で簡単な打ち合わせをお願いします」。
　すべての主語や目的語を盛り込んでいたら、読みにくくて仕方ありません。とはいえ、読む人が「どういう意味？」と首をひねるような省略は避けなければいけません。
　つまり、**主語や目的語を省略するときは、「省略しても確実に意味が伝わる」という確証がなければいけないのです。**
　Aの【ダメ文】は、前半の一文は理解できますが、後半の一文の意味がよく分かりません。「持ち直した」のは、体調不良だった友人でしょうか？　肩を落としていた私でしょうか？　同じく、「捻挫で歩けなくなった」のは誰でしょうか？
　言葉を省略した状態で意味が伝わるかどうかは、読み手との関係性（情報の共有具合）にもよります。しかし、**文章を書くときには、「そう簡単には伝わらない」という認識でいたほうが賢明です。**書き手の「あたり前」と読み手の「あたり前」は違うのです。
　Bも同様です。「この言葉を省略すると、読む人に誤解されるかもしれない……」という不安が頭をよぎったら、そのまま放置せずに、主語や目的語、補語などを適切に盛り込みましょう。

主語・目的語・補語などを適切に盛り込む

A

ダメ文 ✗

「持ち直した」のは誰？

食事の約束をしていた友人が体調不良とのこと。会えるのを楽しみにしていた私は、がっくりと肩を落としてしまいました。しかも、持ち直した日に、こんどは捻挫で歩けなくなってしまいました。

後半の文に主語を入れましょう

修正文 ◯

食事の約束をしていた友人が体調不良とのこと。会えるのを楽しみにしていた私は、がっくりと肩を落としてしまいました。しかも、**友人が**持ち直した日に、こんどは**私が**捻挫で歩けなくなってしまいました。

「誰が」が伝わる

B

ダメ文 ✗

何と「垂直」にすればいい？

故障の原因となりますので、必ず垂直に設置してください。

補語を加えましょう

修正文 ◯

故障の原因となりますので、必ず**壁面と**垂直に設置してください。

指示が明確

Chapter 3 … 正しく書く

二通りに解釈できない文を書く
文章の意味が読み手に正しく伝わる

☐ 知らなかった　☐ 実践中

　二通りの意味に解釈できる文章を書いていませんか？　読む人に「どっちの意味？」と思われる文章はダメ文です。

　Aは、二通りの意味に解釈できます。

> ❶ ケーキはどれも甘い。だから、ケーキは好きではない。
> ❷ 甘いケーキは好きではない。
> 　でも、甘くない（例えば、野菜を使った）ケーキは好き。

「甘い」は、ケーキの「説明」ともとれますし（❶）、ケーキに「条件」を付けている、ともとれます（❷）。

　修正するなら、**読点（テン）を打つ、文章を分ける、言い回しを工夫するなどして、文章の意味を明確にする**必要があります。

　Bでは妹の職業が「YouTuber兼医者」「（YouTuberではない）医者」の二通りに解釈できてしまいます。

　Cの斎藤さんや関さんは英語を話せるのでしょうか？

　Dは、合格した生徒がゼロなのか、それとも合格した人もいるのか分かりません。

　ただでさえ、日本語は意味があいまいになりがちです。二通りの意味に解釈できる文章にならないよう、**句読点の打ち方や言葉の選び方、表現方法などに工夫を凝らし**ましょう。

文章の解釈に迷わない書き方を意識する

A

「甘い」の解釈は？

✕ 甘いケーキは好きではありません。

○ ❶ ケーキはどれも甘いので、好きではありません。
　 ❷ 甘いケーキは好きではありません。でも、甘さ控えめのケーキは好きです。

（「説明」なら❶「条件」なら❷のように書く）

B

妹の職業は？

✕ YouTuberの妹は医者だ。

○ ❶ 妹はYouTuberで、本職は医者だ。
　 ❷ 兄（姉）はYouTuberで、妹は医者だ。

（「YouTuber兼医者」なら❶、「医者」なら❷のように書く）

C

斎藤さんや関さんは英語が「話せる」?「話せない」?

✕ 斎藤さんは、関さんのように英語が話せない。

○ ❶ 斎藤さんは、関さんほど英語が話せない。
　 ❷ 斎藤さんは、関さんと同じく英語が話せない。

（「話せる」なら❶、「話せない」なら❷のように書く）

D

試験に合格したのは？

✕ 全生徒が試験に合格していない。

○ ❶ 全生徒が試験落第だ。
　 ❷ 全生徒が試験に合格したわけではない。

（「ゼロ」なら❶「合格した人もいる」なら❷のように書く）

POINT 意味が正しく伝わるよう、句読点や言葉選び、表現を工夫しましょう

Chapter 3 … 正しく書く

58 「言葉足らず」にならない
読み手にスムーズに理解してもらえる

□ 知らなかった　□ 実践中

　「言葉足らず」の文章を書いていませんか？　説明が足らないと、読む人は、内容を理解できません。**読む人に「どういう意味？」と頭を抱えさせておきながら、書いた本人は、「伝わっているはず」と思い込んでいる**のです。

　Aの【ダメ文】は、書いてある内容に疑問が生まれます。「"雨だから"ではなく"晴れだから"クルマを使うって……どういうこと？」と。「言葉足らず」が原因です。

　言葉を補った【修正文】は、読み手が「そうか、雨の日はお父さんがクルマを使うのか。今日は（書き手が）クルマを使えて良かったね」と、ストレスなく理解・納得することができます。

　書き手にとっては、「晴れの日だけクルマを借りられる」ことが「あたり前」でも、読む人にとっては「あたり前」ではありません。したがって、書き手の一方的な判断で、その「あたり前」を省いてはいけないのです。

　Bの【ダメ文】を書いた人は、自分が書いた文章の至らなさに気づいていません。残念ながら、この文章では書き手の真意が伝わりません。言葉足らずで「あいまい」だからです。

　心のどこかに「読む人が察してくれるだろう」という考えがあるとしたら、それは、書き手のおごり・怠慢にほかなりません。文章を書くときには、読む人に「これっていったいどういう意味なの？」と怪訝（けげん）な顔をされないよう、注意を払いましょう。

読み手に考えさせないよう、具体的に書く

A

言葉足らず

❌ ダメ文　幸いにも今日は晴れだから、私がクルマを使う。

前提をしっかり伝えます

🔵 修正文　幸いにも今日は晴れている。晴れの日は父がクルマを使わないので、私がクルマを使う。　**疑問が出ない**

B

真意が伝わらない

❌ ダメ文　部署替えが行われ、仕事に行くのが憂鬱になる。

「要因を示す」なら❶
「条件を示す」なら❷
「仮定を示す」なら❸
のように表現できます

🔵 修正文

❶ 部署替えが**行われることによって、**仕事に行くのが憂鬱になる。

❷ 部署替えが**行われれば、**仕事に行くのが憂鬱になる。

❸ 部署替えが**行われたとしたら、**仕事に行くのが憂鬱になる。

POINT
あいまいさをなくすことで、
読み手がモヤモヤしない文章になりました

Chapter 3 … 正しく書く

59 「こそあど」言葉は極力使わない
読む人の理解度が著しく下がる

□ 知らなかった　□ 実践中

「これ」「それ」「あれ」「どれ」といった「こそあど言葉（指示語）」は、言葉の重複を避けるうえでたいへん便利です。

一方で、**こそあど言葉が、どの言葉を指しているかが分かりにくいと、読む人の理解度が著しく下がります。**

読み手に「『それ』って、どれのこと？」と思われたなら、その文章は、伝わらない悪文です。

読む人に確実に意味を理解してもらえる自信がないときは、こそあど言葉の使用を控えましょう。

Aの【ダメ文】では「それ」「それら」が指す言葉がよく分かりませんでしたが、具体的な言葉を使った【修正文】では、すっきりと意味が理解できます。

Bの【ダメ文】では、「それ」が「休日出勤」と「見直し」のどちらを指しているかが、よく分かりません。また、「それについて」が何を指しているのかも漠然としています。

一方、こそあど言葉が指す対象を明確にした【修正文】は、読む人に親切な文章です。

なお、「これ」「それ」「あれ」「どれ」以外にも、**C**のような表現が、こそあど言葉のグループに属します。

指し示す対象を明確にする

A

ダメ文　「それ」「それら」は何を指す？

多くの子育て中の社員が、組織のサポート不足を理由に、育休復帰後のキャリアに不安を感じている。**それ**は今後も変わらないだろうというのが、**それら**の共通認識である。

指し示す内容を具体的にする

修正文

多くの子育て中の社員が、組織のサポート不足を理由に、育休復帰後のキャリアに不安を感じている。**組織のサポート不足**は今後も変わらないだろうというのが、**社員たち**の共通認識である。

スムーズに理解できる

B

ダメ文　「それ」が何かよく分からない

責任者会議で「休日出勤」の見直しについて話し合った結果、果たして**それ**が必要かどうか、一度チーフを対象にアンケートを実施することになりました。来月の会議では、**それ**について話し合います。

「それ」を具体的にします

修正文

責任者会議で「休日出勤」の見直しについて話し合った結果、果たして**見直し**が必要かどうか、一度チーフを対象にアンケートを実施することになりました。来月の会議では、**アンケート結果**について話し合います。

親切で分かりやすくなった

C

- こんな／そんな／あんな／どんな
- この／その／あの／どの
- こっち／そっち／あっち／どっち
- ここ／そこ／あそこ／どこ

これらの表現も、伝わらない「こそあど言葉」に入ります

Chapter 3　社会人として恥ずかしくない文章を　正しく書く

Chapter 3 … 正しく書く

接続助詞「が」は逆接のときだけ
留保の「が」に読む人はじれったさを感じる

☐ 知らなかった　☐ 実践中

　留保の接続助詞「が」を使うと、要領を得ないあいまいな文章になりがちです。留保の接続助詞「が」とは、2つの文章をつなぐだけの「が」のこと。**それまでの内容を先送りにして、もっとも大切な判断（結論）については「が」のあとに示す**、というものです。

　留保の接続助詞「が」は、逆接の接続助詞「が」とは別ものです。判断が先送りされるため、読む人は、まるでお預けを食らったかのような「じれったさ」を感じます。

　A の文章は留保の「が」ではありません。逆接の接続助詞、つまり、「A but B」という型の文章です。

　B の【ダメ文】は「1週間前から自炊を始めたが」と読んだ時点で、読む人は、逆接の「が」の意識から「もしかすると何か問題でも起きたのかな？」と予測します。例えば、「1週間前から自炊を始めたが、早くも面倒になってギブアップ寸前だ」といった具合です。ところが、実際には何も問題は起きていません。つまり、結論を先送りする接続助詞「が」に翻弄されてしまったのです。

　接続助詞「が」を使わずに、一文を2つに分けたのが【修正文】の❶です。❷のように、文の構造自体を変えてもいいでしょう（この「が」は主体につく格助詞）。

　留保の接続助詞「が」が2連続で登場する **C** の【ダメ文】は、読み手がじれったくなる文章です。【修正文】では、思わせぶりな「が」を排除しました。**接続助詞「が」は、原則として「逆接の用途でのみ使う」**と覚えておきましょう。

154

接続助詞の「が」は、逆接以外で使わない

A

ふだんは控えめだ**が**、意見ははっきり言う。
　　A　　　　but　　　B

「が」を使うのは逆接の場合だけにしましょう

B

ダメ文

「が」に翻弄される

1週間前から自炊を始めた**が**、これがなかなか楽しい。

↓

留保の「が」を使わずに書きましょう

修正文

❶ 1週間前から自炊を始めた。これがなかなか楽しい。
❷ 1週間前から始めた自炊が、なかなか楽しい。

理解しやすい文になった

C

ダメ文

読んでいてじれったい

瞑想は集中力が高まると以前に聞いたことがあります**が**、実際に瞑想をしてみました**が**、仕事がはかどって驚きました。

↓

思わせぶりな「が」を排除する

修正文

瞑想は集中力が高まると以前に聞いたことがあります。
実際に瞑想をしてみた**ところ**、仕事がはかどって驚きました。

すっきりと読める

Chapter 3 … 正しく書く

61 接続詞を上手に活用する
読み手が文章の行き先に迷わなくなる

□ 知らなかった □ 実践中

　接続詞はクルマで言うところのウインカーです。あらかじめ行き先を明確にすると、読み手が迷子になりにくくなります。

　接続詞（下記参照）の中で、とくに重要なのが、クルッと話を反転させる逆接です。 逆接の接続詞が登場すると、読む人は、「ここから話が逆方向に行くのか」と、自然に心の準備をします。

　一方で、「それで」「そして」などの順接を筆頭に、省いても意味が通じる接続詞も少なくありません。

　🅰と🅱は、それぞれ順接の接続詞（したがって／そして／だから）を省き、逆接の接続詞（しかし／とはいえ）を残しました。接続詞はむやみやたらに使いすぎると、くどい印象を与えかねません。

---

❶ **順接**：因果・原因・理由を示す内容が前にあり、結果があとにくる。
　だから／したがって／よって／ゆえに／それで／そのため
❷ **逆接**：前の内容と反対となる内容があとにくる。
　しかし／が／だが／だけど／だけども／でも／それでも／ところが
❸ **添加**：前の内容にほかの内容を付け加える。
　また／さらに／しかも／そのうえ／それに／加えて／なお／そして
❹ **並列**：前の内容とあとの内容が並ぶような関係になる。
　また／ならびに／および／かつ
❺ **対比・選択**：前の内容とあとの内容を比べたり、どちらか一方を選んだりする。
　一方／他方／逆に／あるいは／それとも／または／もしくは
❻ **説明・補足**：前の内容に説明や付け足しをする。
　つまり／なぜなら／すなわち／ただし／ただ／例えば／ちなみに
❼ **転換**：話題を変える。
　ところで／さて／では／ときに／次に／ともあれ／それでは

接続詞は厳選して使う

A

接続詞が多い

ダメ文　私はとても怒りっぽい性格だ。**したがって**、会社の同僚とよく衝突する。**しかし**、家族とはケンカしたことがない。

接続詞を整理しましょう

修正文　私はとても怒りっぽい性格だ。会社の同僚とよく衝突する。**しかし**、家族とはケンカしたことがない。

内容がスルッと頭に入ってくる

B

接続詞を使いすぎてくどい印象

ダメ文　社長からリーダーを任された。最近私に目をかけてくれているのだ。**そして**、私を次期課長に指名するつもりなのかもしれない。**とはいえ**、ことは簡単ではない。**だから**、まずは、チームの進捗管理の見直しから始めよう。

逆接の接続詞のみ残してみます

修正文　社長からリーダーを任された。最近私に目をかけてくれているのだ。私を次期課長に指名するつもりなのかもしれない。**とはいえ**、ことは簡単ではない。まずは、チームの進捗管理の見直しから始めよう。

すっきりとした文に

【 正しく書く 】

Chapter 3 のおさらい

- ☐ 主語と述語を対応させるなど、論理的につじつまを合わせる。

- ☐ 「さ入れ言葉」「二重敬語」など、誤った表現を使わない。

- ☐ 間違いやすい言い回し・表現を覚え、文章で使わないように注意する。

- ☐ 修飾語の順番を最適化して誤読されないようにする。

- ☐ 接続詞を適切に使う。

Chapter

4

自分も相手もラクになる

伝わる
メールを書く

メールを使ったコミュニケーションも
重要なビジネススキルのひとつ。
Chapter4では、仕事がスムーズに進む
メールの書き方のコツを紹介していきます。

Chapter 4 … 伝わるメールを書く

62 用件が分かる「件名」を書く
受信者が開封や返信の優先順位をつけられる

□ 知らなかった　□ 実践中

　メールを書くときに必ず書くのが「件名」です。メールの"要"ともいえる件名ですが、その重要性に気づいていない人や、その書き方をおろそかにしている人が少なくありません。

　Aのいずれの件名も、メールの内容が想像つきません。読む人に何も情報を伝えていない「悪しき件名」です。

　悪しき件名には、右のようなデメリットがあります。

　理想的なメールの件名は、そのメールの内容を簡潔に示したものです。

　Bのように、内容を具体的に書いた件名であれば、メール受信者に頭を使わせることはありません。あとで探すときも、検索や目視で苦労せずに見つけ出すことができます。

　一日に何十通、数百通とメールを受信する人の中には、件名だけを見て、開封や返信の優先順位をつける人もいます。**端的かつ具体的に書かれた件名であれば、忙しい受信者に余計な負担や手間をかけさせることがありません。**

　件名の冒頭に【至急！】【緊急！】【要返信！】【重要！】などの文字を入れる人がいますが、この書き方はあまり感心しません。どこか自分勝手で、押しつけがましい印象を与えるからです。社内の決まり事（ルール）として使うのでなければ、使用を控えたほうがいいでしょう。

　自分がもらって嫌な書き方は相手にもしない。あたり前のことですが、その初心を忘れずに件名を書きましょう。

「件名」は端的かつ具体的に

A

悪しき件名

件名：高橋です
件名：お疲れ様です
件名：ご報告です
件名：ご無沙汰しております

メールの内容を件名で簡潔に示しましょう

- 内容がよく分からないので、開封を後回しにされる。
- 迷惑メールと勘違いされる。また、その結果、ゴミ箱や迷惑メールフォルダーに入れられてしまう。
- 「不親切な人」「マナー知らず」と思われてしまう。
- 検索に引っかからないため、相手があとで探しにくい。
- 「このメール、何の件？」と、相手に何度もムダにクリックさせてしまう。
- 同じ件名で何往復かやり取りする場合、そのつど、相手に「このメールは何だっけ？」と頭を使わせてしまう。

B

理想的な件名　　開封しなくてもひと目で内容が分かる

件名：明日（20日）の展示会出展の詳細確認
件名：会報誌『けんこうDAYS』の誤字訂正の件
件名：（株）ココチーの工場ラインの不具合の件
件名：調布市アシスト事業・企画プレゼン概要
件名：商品Pのパッケージ調査（項目案）
件名：夏休みキャンペーンのラフ案（3点）

相手の時間を奪わない工夫に好感がもてますね

Chapter 4　自分も相手もラクになる　伝わるメールを書く

Chapter 4 … 伝わるメールを書く

ひとつのメールに書く内容を最適化する
重要な情報を見落とさなくなる

☐ 知らなかった　☐ 実践中

　まったく異なるテーマの情報をひとつのメールに盛り込む人がいますが、これは混乱やトラブルを招く元凶です。**テーマが異なる情報は、別のメールで分けて送りましょう。**

　Aの【ダメ文】には、関係性の弱い３つの情報が盛り込まれています。一度のメールで終わらせたいという気持ちは分かりますが、相手にとっては迷惑です。肝心な情報を見落としやすくなるほか、何度かメールのやり取りを続けるうちに、「えっと、あの情報はどのメールに書かれていたっけ？」と混乱してしまうかもしれないからです。

　件名（62項参照）と関係のない情報は別メールで送るのが原則です。もしも、別メールで送るほどのことではないと判断した場合は、本文を終えたあとに「追伸」として伝えるようにしましょう。

　打ち合わせ・視察・発表会・シンポジウム・展示会・交流会・研修・取材……など、重要なイベントや用事の連絡をするときは、その全貌を把握できるように詳細をまとめて記しましょう。
　頻繁に行われているミーティングなどであれば**B**の【ダメ文】程度のメールでOKなケースもあるでしょう。一方【修正文】のように、**イベントの重要度が高いときや、初めての相手とやり取りするときなどは、詳細をまとめて案内してあげましょう。**相手に喜ばれます。

情報を的確にまとめる

A

ダメ文

> 複数のテーマが入っている

X社へプレゼンに伺う件、承知しました。
13時に新宿駅の南口改札にお越しください。
その際に、15人分の資料をおもちいただければ幸いです。
また、「ソワソワアプリ」の広告の件は、
今週中にもラフ案を作成してお送りいたします。
しばしお待ちください。ちなみに、ご担当者は柴田さんと
佐倉さんのどちらになりそうでしょうか。
あと、13日(金)の会食の件、ご予定はいかがでしょうか？
出欠をご連絡いただければ幸いです。

関連性が薄い情報は別メールで送りましょう

B

ダメ文

> 定例会ならこれでOK

25日(月)13時よりキックオフミーティングを
弊社にて行います。ご確認のほどよろしくお願いいたします。

重要なイベントは詳しく案内

修正文

キックオフミーティングの件、以下の通り、
詳細が確定いたしました。
ご確認のほどよろしくお願いいたします。

- ●日時：11月25日(月)13時〜15時
- ●場所：弊社第1会議室(弊社2階)
　弊社地図：https://xxx.co.jp/map.html
- ●ご出席者：Y社　熊田様、斎藤様
　　　　　　弊社　高崎、中島、佐藤

> 相手に喜ばれる文面に

Chapter 4 … 伝わるメールを書く

「インライン回答」を検討する
回答漏れのリスクが減る

□ 知らなかった　□ 実践中

　相手から来たメール文章の一部を引用したうえで、**確認事項や質問事項に答えていくやり方を、俗に「インライン回答」といいます。**

　仮に、お客様から🅰のようなメールが送られてきたとします。この際、【返信メール】❶のような書き方が、通常の方法といえるでしょう。一方で、❷のようにインライン回答することも可能です。

　インライン回答では、確認事項や質問事項に対して、ひとつずつ回答していきます（引用の冒頭には引用符号が付きます）。確認事項や質問事項ごとに回答していくため、**回答漏れのリスクを減らしやすくなるというメリットがあります。**

　ただし、業界や地域、会社によっては、「不要な引用は避けるべき」という暗黙の了解が存在しているほか、「部分引用は失礼にあたる」との考えで、インライン回答を使わない人もいます。

　したがって、インライン回答をするときには、**メールの冒頭で「インライン回答で失礼いたします」と断りを入れておきましょう。**もしかしたら、相手はインライン回答を好まないかもしれない、という前提で布石を打っておいたほうが賢明です。

　なお、たとえ、誤字脱字があっても、引用文を書き換えたり、削除したり、加筆したりすることは許されません。引用文の編集は、ときとして大問題に発展しかねませんので注意が必要です。

　メールの往復が続くと、引用符号が重なって分かりにくくなるケースも少なくありません。できるだけ不要な引用は避けて、お互いにストレスのないやり取りを心がけましょう。

インライン回答を活用してスマートに返信する

A

質問メール
商品Xの納期はいつになりますでしょうか。
また、その際に、あわせて商品Y（7つ）も
お送りいただくことは可能でしょうか。
それと、新サービスZの導入費用を
教えていただけますでしょうか。
ご確認とご検討のほどよろしくお願いいたします。

返信メール
❶ 商品Xの納期は、当初の予定通り8月25日(火)です。
その際に、商品Y（7つ）もあわせてお送りいたします。
なお、新サービスZはバージョンⅠが50万円、
バージョンⅡが70万円(共に税別)でございます。

インラインで返信してみます

❷ ＞商品Xの納期はいつになりますでしょうか。
当初の予定通り8月25日(火)です。

＞また、その際に、あわせて商品Y（7つ）も
お送りいただくことは可能でしょうか。
承知いたしました。
商品Y（7つ）もあわせてお送りいたします。

＞それと、新サービスZの導入費用を
教えていただけますでしょうか。
新サービスZはバージョンⅠが50万円、
バージョンⅡが70万円(共に税別)でございます。

● インライン回答の注意点も知っておく

☐「インライン回答で失礼いたします」と断りを入れるのがマナー
☐ 引用文は書き換え厳禁
☐ 不要な引用は避ける

Chapter 4 … 伝わるメールを書く

65 転送・リマインドメールを使いこなす
「きちんと対応する人」という信頼を得られる

□ 知らなかった　□ 実践中

　メールを転送するときは、転送相手に「それで私に何をしろと？」と思われないよう、**してもらいたい行動を明確に書きましょう。**

　Aの【ダメ文】のような雑な転送をしてはいけません。相手に確認をしてもらいたいのか、それとも意見・回答・アドバイスなどをもらいたいのか──してもらいたい行動を明確にしておく必要があります。

　【修正文】のような書き方であれば、転送先の相手は、自分がこのメールにどう対応すればいいかが分かります。

　なお、**個人情報や機密情報、個人的なやり取りなどを勝手に転送するのはマナー違反です。**その部分のみ削除するか、もとのメール送信者に「転送の許可」をもらうようにしましょう。

　また、仕事のできる人はリマインドメールを使いこなしています。「わざわざメールをしなくても大丈夫だろう」と考えるのは間違いです。人はうっかりミスをする生き物です。とくに重要な約束や納期があるときなどは、**B**のようなリマインドメールを事前に送りましょう。

　リマインドメールを送ることでミスを予防できるほか、相手から「きちんと対応をする人」という信頼を得ることもできます。

　1カ月も前に約束したようなときは、相手がうっかり忘れている恐れがあります。**「忘れているかも？」**と嫌な予感がしたときは、**躊躇せずリマインドメールを送りましょう。**

相手に行動を促すメールを送る

A

ダメ文

相手は何をすればいいか分からない

S社から提案書が送られてきました。
よろしくお願いいたします。〈以下、転送文〉

してもらいたい行動を
明確にしましょう

修正文

確認だけを希望する

S社から提案書が送られてきました。
参考までにご覧ください(返信は不要です)。〈以下、転送文〉

回答を希望する

S社から提案書が送られてきました。
内容をご確認のうえ、ご意見をいただけると助かります。
よろしくお願いいたします。〈以下、転送文〉

B

リマインド
メール

新製品発表会が、いよいよ13日(金)に迫ってまいりました。

当日は予定通り、
渋谷○○ビルのロビーに13時集合でお願いいたします。

渋谷○○ビル(地図)
https://XXX.co.jp/map.html

なお、当日の坂口の携帯番号は下記です。
080-XXXX-XXXX

当日はよろしくお願いいたします。

相手のミスを予防できる

Chapter 4 … 伝わるメールを書く

66 メールの「見た目」に気を使う
「見た目」の良さが理解のしやすさにつながる

□ 知らなかった　□ 実践中

　人間同様、メールも見た目が重要です。せっかく過不足なく情報が盛り込まれていても、「読みにくい」と思われた時点でアウトです。「読みやすさ」と「読者の理解度」は、常に比例関係にあると心得ておきましょう。

　🅐 の【ダメ文】は過不足なく書かれた文章です。しかし、親切なメールとはいえません。なぜなら、「見た目」への配慮が欠けていて「読みにくい」からです。**相手が時間に追われて忙しい人、あるいは、読み流すクセがある人の場合、読み漏れや誤読、勘違いを招いてしまう恐れがあります。**

　では、読みやすさに注意して修正してみましょう。171ページの【修正文】をご覧ください。

　どちらが読みやすいかは一目瞭然でしょう。書かれている内容は同じにもかかわらず、理解度はアップし、読み漏れや誤読、勘違いされる恐れは低下したはずです。

　気をつけたポイントは以下の通り。170ページでそれぞれを詳しく解説します。

❶ 1行は長くても35文字以内に抑える
❷ 空白の行を作る
❸ 複数の情報は箇条書きを利用する
❹ 「罫線」を使って重要なポイントを示す

メールを読みやすく整える

● メールも見た目が重要

読みにくいメール

読み漏れ、誤読、勘違いを招く恐れがある

読みやすいメール

忙しい人、読み流すクセのある人にも正確に読んでもらえる

読みやすさは理解のしやすさにつながります

A ダメ文

株式会社デリシャス食品　坂田秀一様

いつもお世話になっております。株式会社ウマイネの桐本です。

新製品「ぱふぱふパン」の拡散キャンペーンの打ち合わせ日程が決まりました。12月2日（月）10時〜11時、弊社第2会議室（3階）で行います。また、当日使用する「拡散キャンペーンプラン（PDF）」と「キャンペーンのスケジュール表（Excel）」を添付しておきます。あわせてご確認いただけますと幸いです。

以上、不明点がございましたら、ご連絡ください。お忙しいところ、誠に恐れ入りますが、よろしくお願いいたします。

〈以下、署名省略〉

❶ 1行は長くても35文字以内に抑える

改行がないメールほど読みにくいものはありません。長いもので も35文字以内に収まるよう、句読点やキリの良い文節（意味をも つ範囲で文章を区切った"一区切り"）で改行しましょう。

❷ 空白の行を作る

積極的に空白の行を作ることによって、読みやすさがアップしま す。話（情報）の区切りに空白の行を挟むとスマートです。空白の 行が少ないほど「黒っぽい」印象が強まって、読みにくく感じられ ます。適度に「白っぽい（＝空白の行がある）」見た目を目指しま しょう。

❸ 複数の情報は箇条書きを利用する

複数の情報を伝えなければいけないときは、上手に箇条書きを使 いましょう。

🅰 の【修正文】では、添付ファイルの項目を箇条書きにしました。 用件の中に盛り込んだ【ダメ文】と見比べると、その分かりやすさ は一目瞭然です。

箇条書きの冒頭には「中黒（・）」のほか「◆」や「■」、あるい は「①」などの丸数字、「（1）」「（A）」などの括弧書きを使うとい いでしょう。

❹「罫線」を使って重要なポイントを示す

重要な文面（情報）の上下に罫線を付けることによって、その文 面が強調されます。罫線は記号をつなげ合わせて作ります。ただし、 あまり派手になりすぎないよう注意しましょう。

修正文

株式会社デリシャス食品　坂田秀一様

いつもお世話になっております。
株式会社ウマイネの桐本です。

新製品「ぱふぱふパン」の拡散キャンペーンの
打ち合わせ日程が決まりました。
下記の通り、ご連絡いたします。

****
日時　12月2日(月)10時～11時
会場　弊社第2会議室(3階)
****

また、当日使用する資料(以下2点)を添付しておきます。
あわせてご確認いただけますと幸いです。

【添付資料】
・拡散キャンペーンプラン(PDF)
・キャンペーンのスケジュール表(Excel)

以上、不明点がございましたら、ご連絡ください。

お忙しいところ、誠に恐れ入りますが、
よろしくお願いいたします。

〈以下、署名省略〉

● メールに使える罫線の一例

```
_____        ===============
= = = = = = = = = = = =         ▼△▼△▼△▼△▼△▼
_/_/_/_/_/_/_/_/_/_/_/_/        +++++++++++++++++
-+-+-+-+-+-+-+-+-+-+-+-+        □■□■□■□■□■□
```

＊文字化けしないか、事前にいくつかのメーラーやデバイスでチェックしておきましょう。

Chapter 4 … 伝わるメールを書く

67 箇条書きを活用する
複数の質問があっても相手は見落とさない

☐ 知らなかった　☐ 実践中

　複数の情報が入り乱れたメールは、要点がつかみにくく、メール受信者の大きな負担になります。**メールで複数の連絡や質問をする際には、ポイントを箇条書きでまとめる方法が有効です。**

　例えば、次のようなメールはどのように改善できるでしょうか。

> 15日（木）に行われる御社のプライベートショーについて、いくつか教えていただけますでしょうか。
> 開催場所はどこになりますでしょうか？
> また、時間についても教えてください。
> それと、プレス資料は配布しますでしょうか？
> お手数をおかけしますが、ご回答いただけますと幸いです。

　複数の質問を本文に盛り込んだ上記のメールでは、相手が質問を「見落とす」リスクが生じます。
　一方、箇条書きで分かりやすく質問項目をまとめた A の【見本文】であれば、相手が質問を「見落とす」ことはありません。返信もしやすいはずです。
　B の比較でも読みやすさは一目瞭然です。
　３つの要望を箇条書きで簡潔にまとめた【修正文】であれば、受信者は、対応しやすいはずです。

ポイントを箇条書きでまとめる

A 見本文

15日(木)に行われる御社のプライベートショーについて、以下3点の確認がございます。

（1）プライベートショーの開催場所
（2）プライベートショーの開催時間
（3）当日、プレス資料の配布があるかどうか

以上、お手数をおかけしますが〜〈以下省略〉

確認事項が分かりやすい

B ダメ文

要望が分かりにくい

今回のセミナーを開催する件で
いくつか要望がございます。
はじめに会場の選定についてですが、
地方からのアクセスを考えると〜〈以下省略〉

ポイントを箇条書きでまとめましょう

修正文

今回のセミナーを開催する件で
以下3点の要望がございます。

- 会場を東京駅そばの○○○とする
- 開催時間を15時〜18時とする
- 参加人数は各社3名までとする

さて、はじめに会場の件で〜〈以下省略〉

要望がすぐに伝わる

Chapter 4　自分も相手もラクになる　伝わるメールを書く

Chapter 4 … 伝わるメールを書く

68 「よろしくお願いいたします」で済ませない
相手が自分のとるべき行動に迷ってしまう

☐ 知らなかった　☐ 実践中

　メールの結びでよく使われる「よろしくお願いいたします」は、使い勝手がいい反面、落とし穴もあります。**相手に何かしらの行動を望むときは、具体的な言葉で促す必要があります。**

　相手とあらかじめ意思疎通が図れているのであれば、Ａの【ダメ文】の書き方でも問題はないでしょう。あうんの呼吸で意図をくみ取って、具体的なアクションを起こしてくれるはずです。
　一方で、相手が「お願いしますって……何が？」「この資料をどうしろと？」と思った場合、この文面は残念ながら「伝わらない文章」の仲間入りです。

　【修正文】❶〜❸のように、もしも、相手に何かしらの行動を期待しているなら、「よろしくお願いいたします」だけで済ませてはいけません。「内容を確認してほしい」「意見を聞かせてほしい」「○○さんにも情報共有してほしい」「書類を印刷してほしい」など、相手の行動を促す「具体的な言葉」を添える必要があります。
　Ｂも同様です。

　言うまでもありませんが、**「具体的に指示すること」と「命令すること」は似て非なるもの**です。明確に指示しながらも、言い回しには気を配る必要があります。相手の行動を促すメールを書くときは「明確さ」と「配慮」のバランスが求められます。

「お願い」したいことをはっきり書く

ダメ文 何をお願いされたか分からない

企画書をお送りいたします。
お手数ですが、よろしくお願いいたします。

行動を促す言葉を入れましょう

修正文

❶ 企画書をお送りいたします。
　部内の皆さまで内容をご確認のうえ、
　忌憚のないご意見をいただければ幸いです。
　お手数ですが、よろしくお願いいたします。

❷ 企画書をお送りいたします。
　内容をご確認のうえ、榎本さんにも共有してください。
　お手数ですが、よろしくお願いいたします。

❸ 企画書をお送りいたします。
　確認のうえ、15部印刷して
　明日のミーティングにおもち願います。
　お手数ですが、よろしくお願いいたします。

何をすれば良いか分かる文章になった

ダメ文 要求が不明

上記の通り新入部員の歓迎会を開催します。
よろしくお願いいたします。

修正文

上記の通り新入部員の歓迎会を開催します。
お手数ですが、あさって（5日）の終業時間までに
部内の参加人数をご返信いただけますと幸いです。
よろしくお願いいたします。

とるべき行動が分かる

「よろしくお願いいたします」周辺の表現集

相手に失礼な印象を与えず行動を促す……難しいです

具体的な表現集を参考にしてみてください

定番のあいさつ

- 以上、（何卒）よろしくお願い申し上げます。
- ご確認（ご査収／ご検討／ご協力／ご対応）のほどよろしくお願いいたします。
- よろしくご検討（ご確認）ください。
- では（それでは）、失礼いたします。
- では（それでは）、またご連絡いたします。
- 引き続き、よろしくお願いいたします。

返信を望む

- ご連絡をお待ちしております。
- メールでご回答いただけると助かります。
- ご連絡いただけますと助かります。

返信は無用

- なお、返信はご無用です。
- ご確認いただければ、返信はご無用です。
- とくに問題がなければ、ご返信にはおよびません。
- 何かご不明な点等ございましたら、お知らせください。

相手の行動を望む

- ご確認(ご査収/ご検討/ご協力/ご対応)くださいますようよろしくお願いいたします。
- ご教示いただけますと幸いです。
- ご都合をお知らせいただけますと幸いです。
- 忌憚のないご意見をいただけますと幸いです。
- 早急にご対応いただきますようお願いいたします。

相手に気遣いを示す

- くれぐれもご自愛くださいませ。
- ○○を楽しみにしております。
- ○○の成功(大盛況)を心よりお祈りしております。

相手との良好な関係性を示す

- 今後ともよろしくお願いいたします。
- 今後ともお引き立て(ご愛顧)のほどよろしくお願いいたします。
- 引き続きお力添えいただけますよう、お願い申し上げます。
- 今後ともご指導ご鞭撻のほどよろしくお願いいたします。
- またお会いできる日を楽しみにしております。

取り急ぎ(※)

- 取り急ぎご連絡(ご報告/お礼/お返事)まで。
- 取り急ぎご確認のお願いまで。
- まずは用件のみで失礼いたします。
- まずはお礼申し上げます。
- まずはメールにてお礼かたがたご報告まで。
- まずは謹んでご案内申し上げます。

※「取り急ぎ」は、報告やお礼、お詫びなどに用いる言葉です。「取り急ぎ、ご回答いただけますか」のような使い方をすると、相手から無礼と思われかねません。十分に注意しましょう。

場面や目的に応じて上手に使い分けたいですね!

Chapter 4 … 伝わるメールを書く

69 指示するときは「肯定的」な表現で書く
相手のやる気を高める文章になる

□ 知らなかった　□ 実践中

　Aは上司から届いたメールです。あなたが部下なら、❶と❷のどちらの言葉のほうが、気持ち良く受け入れられますか？

　おそらく❷でしょう。❶には「平凡」「説得力のない」「いりません」などの否定的な表現が使われています。人によっては「傲慢」「高圧的」「冷たい」と感じる人もいるでしょう。

　❷は「斬新」「説得力のある」「求めています」などの肯定的な表現が使われているため、部下を鼓舞しようという姿勢が伝わってきます。言い方を工夫するだけで、受ける印象は変わります。

　"指示する"ということは、相手に何かしらの成果を求めているはずです。その目的を達成するためには、**相手のやる気を高める肯定的な表現を使ったほうが賢明です。**

　もちろん、否定的な表現がまったく不要ということではありません。下記のような状況では有効です。

- 長らく肯定的な表現を使ってきたが、効果が得られなかった。
- 相手の性格上、否定的な表現のほうが響きやすい。
- 重大な問題に関わるため、"危機感"を抱いてもらいたい。

　とはいえ、否定的な表現を使われると、多くの人が落ち込んだり、やる気をなくしたりします。人間のやる気は、多くの場合、「不快」のときよりも「快」のときに上がりやすいものです。誰かに何かを"指示する"ときには、その特性を踏まえた文章を書きましょう。

178

否定的な表現を肯定的に

❶ 平凡で説得力のないアイデアはいりません。
❷ 斬新で説得力のあるアイデアを求めています。

❷のほうが気持ち良く受け入れられますね

● 相手の心理はどうなる？

否定的な表現の場合	肯定的な表現の場合
☐ モチベーションが下がる	☐ モチベーションが上がる
☐ テンションが下がる	☐ テンションが上がる
☐ 嫌な気持ちになる	☐ 嬉しい気持ちになる
☐ 拒みたくなる	☐ 受け入れたくなる
☐ 悪意を抱く	☐ 好意を抱く

● 肯定的な表現で相手のやる気を高める

✗ ダラダラと作業しないでください。
◯ テキパキと作業しよう。

✗ 靴のまま入らないでください。
◯ 靴をスリッパに履き替えてからお入りください。

✗ 明日までに完成しなければ、大問題になるぞ。
◯ 明日までに完成すれば、大手柄だぞ。

肯定文のほうがやる気が出ますね

Chapter 4 ・・・ 伝わるメールを書く

70 回答は「イエス or ノー」を明確に
相手の時間を奪わないメールになる

□ 知らなかった　□ 実践中

　Aは、会合への出欠を求められた際の返信メールの一文です。
　いずれも、明確な参加表明でも、明確な不参加表明でもありません。要約するなら「参加できるか分かりません」という内容です。本人はそれでいいかもしれませんが、相手にとっては迷惑な返答です。参加人数が確定しなければ、段取りに滞りが生じます。
　もしも、本当に「行きたいけど、現時点で参加表明できない」という場合は、どのような返答をすればいいのでしょうか。
【修正文】では、現時点では出欠を決められない旨を伝えたうえで、期日を区切って「お待ちいただくことは可能でしょうか」とお伺いを立てています。この返答であれば、相手がやきもきすることはないでしょう。
　世の中には、安易に回答や意思表示を保留する人がいますが、**「保留＝相手の時間を奪う行為」だと肝に銘じておきましょう。**保留している間に、相手の仕事（段取り）がストップしてしまう恐れがあるからです。
　回答や意思表示を頻繁に保留する人は、決断力のない人、責任感のない人、優柔不断な人とみなされます。そう思われて損をするのはその人自身です。
　一方で、**仕事ができる人の多くは、決断の大切さをよく知っているため、よほどのことがない限り保留の返答をしません。**質問の返答を見れば、その人が信頼するに足る人なのかどうなのか、だいたい分かるものです。

180

自分の意思を明確に伝える

先の見えない保留は相手に迷惑をかける

- なるべくなら参加したいと思っています。
- 参加できるかもしれません。
- 参加する方向で調整してみます。
- 今のところは、参加できる状況です。
- 参加の予定ですが、不参加になる可能性もあります。
- 予定が不確定で、現時点では何ともいえません。

期日を区切って
お伺いを立てて
みましょう

修正文

誠に申し訳ございませんが、
まだ当日の勤務シフトが発表されておらず、
現時点で出欠をお伝えすることができません。
あさって(25日)の正午までに確定しますので、
それまで回答をお待ちいただくことは可能でしょうか。
決まり次第、ご連絡を差し上げます。

期日を明確にしているので相手が気をもむこともない

POINT
仕事ができる人の多くは
ほとんど保留の返事をしません

Chapter 4 … 伝わるメールを書く

71 お願いや指示はソフトに行う
相手がお願いを受け入れやすくなる

□ 知らなかった　□ 実践中

　メールで、お願いや指示をする場合は「相談風」の書き方をしましょう。

　Aの【ダメ文】のような「ご返信ください」という書き方は、"一方的な指示"に感じられます。中には「急に連絡をしてきて、偉そうに指示するな」と気を悪くする人もいるかもしれません。

　【修正文】のように、「急なお願いで誠に申し訳ございませんが」とお詫びを入れたのちに「ご返信いただけますと幸いです」と**「指示・命令調」の書き方を避けることで、相手が言葉（お願い）を受け入れやすくなります。**似た表現の「ご返信いただけると助かります」でもいいでしょう。

　どうしても「ご返信ください」のようなストレートな表現を使いたいときは、「大変お手数ですが〜」「お手を煩わせますが〜」といったクッション言葉（73項参照）を添えましょう。表現がソフトになるため、相手が、お願いや指示を快く受け入れやすくなります。

　「○○したい」という意思を伝えるときに重宝するフレーズが「〜したく」です。「〜したく」は、**丁寧な表現であるうえ、文面も引き締まります。**ビジネスシーンに適したスマートな言い回しです。

　Bは、「○○したいと思い」という言い回しが、文章の据わりを悪くしています。このようなケースで「〜したく」を使います。

　修正後は文章が簡潔になり、なおかつ、丁寧さも増しました。元の文章よりも文章の据わりが良くなりました。

要望や指示こそ丁寧に伝える

ダメ文　一方的で偉そう

ポスターの早刷りが届きました。
ご確認のうえ、明日14時までに**ご返信ください。**

相談風の書き方で指示する

修正文
ポスターの早刷りが届きました。
急なお願いで誠に申し訳ございませんが、
ご確認のうえ、明日14時までに
ご返信いただけますと幸いです。

表現がソフトに

お詫びやクッション言葉が入ると指示を受け入れやすくなりますね

B

✗ 会場の確認を**したいと思い**、ご連絡いたしました。
◯ 会場の確認を**したく**ご連絡いたしました。

✗ ○○の注文を**したかったので**、メールいたしました。
◯ ○○の注文を**したく**メールいたしました。

✗ 視察のご報告を**させていただこうかと思い**、ご連絡いたしました。
◯ 視察のご報告を**したく**ご連絡いたしました。

「○○したい」は「〜したく」に置き換えると据わりが良くなりますよ

Chapter 4 … 伝わるメールを書く

72 「上から目線」で書かない
相手に悪い印象を与え仕事が滞ることがある

□ 知らなかった　□ 実践中

　上から目線のメールや素っ気ないメールを書いていませんか？ 本人に悪気はなくても、対面のときのように「表情」や「声色」が使えないメールでは、書き方によっては、相手に「悪い印象」をもたれてしまうことがあります。とくに「それは無理です」のように言い切り型の言葉を使いがちな方は注意しましょう。

　Aの3つ目の文は、「まだでしょうか？」を「いかがでしょうか」に修正する際に「？」も外しました。**「？」を使うと、相手を問いただすような、少しキツい印象の文面になります。**

　書き手自身の中に（相手が納期破りの常習犯であるなど）"相手を問いただす"意図がないケースでは、極力「？」の使用を控えましょう。

　また、たとえカチンときたときでも、感情的なメールを書いてはいけません。冷静に事実を伝えることに注力しましょう。

　カッとなる気持ちは分かりますが、Bの【ダメ文】のように感情的になると、そこで仕事が滞り、相手との関係性も悪化します。

　仕事のメールでは、よほどのことがない限りキレてはいけません。**もし頭に血が上ったときは、頭が冷えるまで少し時間を置きましょう。** 頭が冷えてもなお「伝えたいこと」があるなら、それはきっと「伝えなくてはいけないこと」なのでしょう（そこを我慢しろとは言いません）。社会人に求められるのは、自分の意見や主張、助言などを、余計な感情を挟まず冷静に伝える能力です。

キツい印象を与えない伝え方を心がける

A

キツい印象
- ✕ それはできません。
- ◯ ご希望に添えず、申し訳ございません。

やわらかくなった

上から目線
- ✕ やっといてください。
- ◯ していただけると助かります。

丁寧に感じる

急かされている印象
- ✕ まだでしょうか？
- ◯ いかがでしょうか。

ソフトな印象に

言い切りや「？」は読み手にキツい印象を与えることがあります

B

感情的な返信

ダメ文
> イラストがシンプルすぎます。

イラストを派手にすると、商品写真の存在感が薄まりますよ？ それに、打ち合わせのときに、「シンプル系」でいく旨はお伝えしたはずです。今頃になって覆されても困ります。

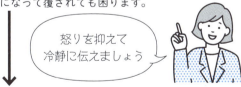

怒りを抑えて冷静に伝えましょう

修正文
> イラストがシンプルすぎます。

ご意向に沿えておらず、申し訳ございませんでした。
商品写真とのメリハリを崩さない程度に、
もう少し派手さを出してみます。作り直しますので、
明日の14時までお時間いただけると助かります。
よろしくお願いいたします。

スマートな対応に

Chapter 4 ･･･ 伝わるメールを書く

73 クッション言葉で「圧」を弱める
相手から好意と信頼を獲得しやすくなる

□ 知らなかった　□ 実践中

　高圧的な言い回しや命令調の言葉、上から目線の表現などは、相手を不快な気持ちにさせることがあります。**仕事のメールでは、相手への心遣いを示すソフトな表現「クッション言葉」を用いて、相手を嫌な気持ちにさせないようにしましょう**（社内チャットでスピーディにやり取りするようなケースは除きます）。

　自分が忙しいときに、Ａの【ダメ文】のような文面のメールが送られてきたら、人によっては、ムカッとくるかもしれません。自分に対する「気遣い」や「敬い」が感じられないからです。

　【修正文】の❶のように尊敬語を使うだけで、ずいぶん丁寧な印象になりました。しかし、「気遣い」という点では60点といったところでしょうか。この点数を上げるために、クッション言葉を織り交ぜます。

　【修正文】の❷は、気遣いが感じられる文面のため、受信者が気分を害することはありません。たくさんあるクッション言葉の中でも「**（お忙しいところ／誠に／大変）申し訳ございませんが**」は、あらゆるシチュエーションで使える万能フレーズです。

　Ｂの【修正文】のような「**（お忙しいところ／誠に／大変）お手数ですが〜／恐れ入りますが〜／恐縮ですが〜／ご面倒をおかけしますが〜**」なども使い勝手のいいクッション言葉です。

　188ページからは、そのほかのクッション言葉も見ていきます。シチュエーションに応じて、臨機応変にクッション言葉が使えるようになると、相手から好意と信頼を獲得しやすくなります。

クッション言葉で気遣いを表現する

A

ダメ文　ご連絡いただけますか。

上から目線や「圧」を感じる

言い回しを工夫する

クッション言葉を入れてみましょう

修正文
❶ ご連絡いただけますよう
　 お願い申し上げます。

丁寧な印象に

❷ お忙しいところ申し訳ございませんが、
　 ご連絡いただけますようお願い申し上げます。

気遣いが感じられる

B

ダメ文　ご記入をお願いします。

気遣いや敬意が感じられない

クッション言葉を入れる

修正文
❶ **誠にお手数ですが、**ご記入をお願いいたします。
❷ **大変恐れ入りますが、**ご記入をお願いいたします。
❸ **ご面倒をおかけしますが、**ご記入をお願いいたします。

使い勝手の良いクッション言葉を次のページで紹介します

187

ビジネスのメールで使えるクッション言葉

クッション言葉を
うまく使えるようになると
相手から好意と信頼を
得られます

おもにお願い・質問・提案などに使えるクッション言葉

- ご多用中、誠に（はなはだ）恐縮ですが〜
- 誠に（重ね重ね／たびたび）申し訳ございませんが〜
- つかぬことをお聞きしますが〜
- 突然のご連絡で恐れ入りますが〜
- ご迷惑かとは存じますが〜
- 厳しいスケジュールの中ではございますが〜
- もしよろしければ〜
- さしつかえなければ〜
- 至らない点も多々あるとは存じますが〜
- ご無理は重々承知しておりますが〜
- 身勝手な（ぶしつけな／あつかましい）お願いとは承知しておりますが〜
- お手を煩わせますが〜
- （急なお願いで）大変お手数ですが〜
- 大変失礼ながら〜
- 念のため確認させていただきますが〜
- ご都合の良いときで結構ですので〜
- ご足労をおかけいたしますが〜
- 不勉強で申し訳ございませんが〜

相手にお願いを
聞いてもらいやすく
なります

おもに断り・お詫びに使えるクッション言葉

- せっかくではございますが〜
- あいにくではございますが〜
- 残念ではございますが〜
- 僭越ではございますが〜
- 大変心苦しいのですが〜
- 大変申し上げにくいのですが〜
- お気持ちはありがたいのですが〜
- お気遣いはありがたいのですが〜
- ○○なのは山々ではございますが〜
- たびたび申し訳ございませんが〜
- ご不便をおかけいたしますが〜
- ご期待に沿えず申し訳ございませんが〜

相手の嫌な気持ちが和らぎます

おもに反論に使えるクッション言葉

- お気持ちは重々承知しておりますが〜
- 出過ぎたことかもしれませんが〜
- おっしゃることはごもっともですが〜
- お言葉を返すようですが〜
- 大変ぶしつけながら〜
- 失礼とは存じますが〜
- 私の思い違いかもしれませんが〜
- 私の勘違いでしたら申し訳ないのですが〜
- 大変僭越ながら〜

相手の気分を害さず反論できます

Chapter 4 … 伝わるメールを書く

74 「先回り返信」を心がける
メールのやり取りが効率良く進む

□ 知らなかった　□ 実践中

　メールのやり取りがうまい人ほど、相手から何か打診されたときに「先回り返信」をしています。

　例えば、仕事の取引先から「打ち合わせの時間をいただけませんか」という主旨のメールを受けた場合、どのような返信文を書けばいいでしょうか？

　Aの【ダメ文】でも、手堅い返信に見えるかもしれません。しかし、相手から届いた日時が、あなたの都合と合わなかったらどうするのでしょうか。「この日は出張が入っております。ほかの日でお願いします」などと書いていては一向に話が前に進みません。

　【修正文】の返信であれば、ムダなやり取りを減らせます。

　もしも、提示した日時（❶）で都合がつけば、「では、5日の13時で」というメールがくるはずです。スムーズにやり取り完了です。

　また、**都合がつかないときは候補日をもらいたい**旨（❷）を書き忘れると、「残念ながら、いずれも都合がつきません。ほかの日時でお願いします」といったメールが送られてきてしまうかもしれません。「日時を再提示する → 相手の都合が合わない → また再提示する」では、あまりに非効率です。

　打ち合わせの形式を確認する（❸）も「先回り返信」です。日時を決めてから改めて「ところで、打ち合わせの形式は？」というやり取りにならないよう、先に確認を取っておくわけです。

　「先回り返信」ができる人は、効率良く仕事を進められる人であり、周囲から好意と信頼を得やすい人といえるでしょう。

ムダなやり取りを減らす

ダメ文

承知いたしました。日時はいつがよろしいでしょうか。

> ムダなやり取りが発生する

「先回り」をしてみましょう

先回りのポイント

❶ 日時の候補を提示する
❷ 都合がつかないときは、候補日をもらいたい旨を伝える
❸ 打ち合わせの形式を確認する

修正文

承知しました。スケジュールを確認したところ、下記の日時に空きがございました。❶

・11月 5日（火）　13時〜15時
・11月 7日（木）　15時〜18時
・11月11日（月）　15時〜18時

佐々木さんのご都合はいかがでしょうか。

もしもご都合がつかないようでしたら、12日（火）以降でご希望の候補日をいくつかいただけますと幸いです。❷

なお、打ち合わせの形式はオンラインをご希望でしょうか。弊社はTeamsとZoomに対応しております。❸

POINT
仕事ができる人は「先回り返信」で効率良く仕事を進めています

Chapter 4 … 伝わるメールを書く

75 報告・連絡・相談は要点を簡潔に
社内のコミュニケーションを円滑にする

□ 知らなかった　□ 実践中

　社内での報告メールは、上司が部下の行動や仕事の進捗を把握するうえで重要な役割を果たしています。**相手が求めている（必要としている）情報を過不足なく盛り込みましょう。**

　どこまで具体的に報告するかは、社内の慣習や相手（**A**の例文では上司）の考え方次第です。そういう意味では、報告相手のニーズを把握している人ほど「伝わる報告メール」が書きやすくなります。箇条書きを使うなど見せ方にも工夫を凝らしましょう。

　連絡の目的は「相手に分かりやすく情報を伝えること」です。冗長になりすぎないよう簡潔さも意識しましょう。

　Bは社内の上司に向けた連絡メールです。
「息子が階段から落ちたこと」については状況を簡潔に伝えればOKです。また、「この先の予定」や「万が一のときの対処法」を書くことで、相手（上司）に安心感も与えています。ダラダラと余計なことを書きすぎず、伝えるべき情報の要点をまとめることに注力しましょう。

　何かしらの相談をメールでする場合には、相談のポイントを整理して伝える必要があります。報告や連絡と同様に、現状や背景、相談内容などを過不足なく書き、相手が理解しやすい文章になっているか、送信する前にしっかりと見直します。

　相談をもちかけるということは「相手の時間をいただく」ということです。相手が希望する時間や相談形式（対面orメールなど）に合わせるなど、細やかな配慮を忘れないようにしましょう。

情報を過不足なく盛り込む

A

最初に何の件か分かるように書く

本日、子育て広場のリニューアルに関する会議を行いました。
その内容についてご報告いたします。

すっきりと箇条書きに

・会議日：8月21日（金）
・議題：子育て広場のリニューアルについて
・決定事項：遊具を2台（ブランコ・滑り台）増設する

なお、次回第2回（28日・金）の会議では、
プランナーに来ていただき、発注する遊具業者を決めます。

以上、取り急ぎご報告まで。

B

状況は具体的かつ簡潔に

今朝、息子が階段から落ち、病院を受診したところ、
右足の骨折と診断されました。

申し訳ございませんが、諸々の手続きがあるため、
本日は半休を取らせていただきます。

この後の予定を明確に

今のところ出社は13時を予定しております。

なお、万が一、私宛てに電話があった場合、
本日13時以降に連絡する旨を
お伝えいただけると助かります。

万が一のときの対処法も

ご迷惑をおかけしますが、よろしくお願いいたします。

Chapter 4 … 伝わるメールを書く

76 依頼は4つのポイントを押さえる
相手から快諾をもらえるメールになる

☐ 知らなかった　☐ 実践中

　依頼（お願い）のメールを書いて、相手からOKをもらうためのポイントは次の4点です。

> ❶：自分（送信者）の身元を明らかにする
> ❷：誠実さと謙虚さ（初めてのメールではとくに重要）
> ❸：依頼内容を詳しく伝える
> ❹：相手の自己重要感を満たす（快諾したくなる言葉を入れる）

❶ 自分（送信者）の身元を明らかにする
　面識のない相手の場合、どんな人（会社）かが分からなければ、快諾しようがありません。

❷ 誠実さと謙虚さ
　表情や声が使えないメールでは、誠実さや謙虚さを文字で表現することが大切です。

❸ 依頼内容を詳しく伝える
　依頼を受けるかどうか判断するためには、判断材料が必要です。したがって、メールには依頼内容を詳細に書く必要があります。

❹ 相手の自己重要感を満たす
　自己重要感とは、平たくいえば「自分は価値ある存在である」「自分は人から必要とされている（敬われている）」と感じることです。
　心理学の見地からも、相手の自己重要感を満たすことが、円滑なコミュニケーションを図るうえで有効とされています。

快諾をもらうことを目的とする

小森祐子先生

初めてのメールは誠実・謙虚な姿勢で

初めてご連絡させていただきます。❷
株式会社ライフビューティフル・広報部の坂本と申します。❶
突然のメールで失礼いたします。❷

弊社はサブスクリプション型の美容機器レンタル事業を
展開している会社です。❶

どんな会社か説明する

弊社ホームページ
http://XXXXXXXX.jp❶

相手が検索する手間をなくす

年に2度、外部講師をお招きして、
美容の最新知識を習得する社内研修を行っております。❶

つきましては、小森先生に、弊社社員向けに「最新美容トレンド」の
レクチャーをお願いしたくご連絡いたしました。❸

先日、小森先生の動画を拝見した際に、角質層への美白アプローチなど
の最新の業界知識と優しい語り口に深い感銘を受けました。
小森先生への憧れが、弊社社員のモチベーションに火をつける
と確信し、ご連絡させていただいた次第です。❹

相手の自己重要感を満たし快諾につなげる

不躾ながら、下記の条件にて、可否をご検討いただければ幸いです。❷

場所：東京都港区（弊社大会議室）
時期：8～10月の平日（午後）
時間：2～3時間　　　　**判断材料となる依頼内容は詳細に**
参加人数：約80名
講師料：15万円（交通費別）❸

ご多忙のところ、誠に恐れ入りますが、
ご検討いただけますよう、よろしくお願いいたします。❷

Chapter 4
自分も相手もラクになる　伝わるメールを書く

195

Chapter 4 … 伝わるメールを書く

77 説得は迷う相手の背中をそっと押す
相手が自発的に「イエス」の決断を下せる

□ 知らなかった　□ 実践中

　説得されるのが好きな人はあまりいません。相手にコントロールされている気分になるからです。**相手を説得したいときほど、相手が自発的に決断するように背中を押してあげましょう。**

　説得の目的は相手から「イエス」をもらうことです。ところが、🅐の【ダメ文】には、書き手都合の言葉が並んでいます。いきなり「期日が11月28日」と圧迫感を与え、立て続けに「次期募集は未定」と書かれると、なんだか煽り立てられている印象を受けます。「お申し込み願います」という文面に至っては、完全に相手の気持ちを無視しています。悪意を感じる人もいるでしょう。

　【修正文】は、全編で「売り込み臭」を排除しています。中でも、「貴社の方針や戦略もございますので無理強いはいたしません」の一文には誠実さが感じられます。

　また、申し込み期日を案内する際に、「念のため、ご連絡差し上げた次第です」というフレーズを添えることによって、"売り込みではない"という姿勢を伝えています。

　そのうえで、「弊社の計算によりますと〜」と相手にとってのメリットを簡潔に伝えています。「いいサービスです」と強調するのではなく、**さり気なく「相手にとってのメリット」を伝えることで、相手が再検討しやすくなるのです。**

　結びの「ご不明点やご要望などあれば〜」や、「もし必要であれば〜」のフレーズにも、サービス提供者としてのホスピタリティが感じられます。

相手が再検討しやすいように書く

ダメ文 ❌

煽り立てられているような文面

先日ご案内させていただいた人材管理システムの件ですが、今期のお申し込み期日が11月28日に迫っているため、改めてご連絡差し上げました（次期募集は未定です）。
ご検討のうえ、お申し込み願います。

「売り込み臭」を徹底的に排除します

修正文

先日、導入のおすすめをさせていただいた
人材管理システムの件、
貴社の方針や戦略もございますので無理強いはいたしません。
今期のお申し込み期日が11月28日に迫ってきたため、
念のため、ご連絡差し上げた次第です。

弊社の計算によりますと、システムを導入いただいた場合、
月に30万〜40万円のコストダウンが見込めます。
また、導入後は、弊社管理下にて
24時間体制のサポートを行います。

本件について、ご不明点やご要望などあれば、
遠慮なくお申し出ください。
もし必要であれば、
改めて貴社へご説明に伺うことも可能です。
お役に立てれば幸いです。

ホスピタリティが感じられるように

Chapter 4 ・・・ 伝わるメールを書く

78 催促は相手の"逃げ道"をふさがない
相手の事情に配慮した文面になる

□ 知らなかった　□ 実践中

　催促のメールは、得てして相手に冷たい印象を与えがちです。感情的・高圧的なメールを書けば、相手が態度を硬化させたり、反抗に転じたりすることもあります。とくに**1回目の催促では、相手の"逃げ道"を用意しておく**ことが鉄則です。

　Aの【ダメ文】は"取りつく島もない"メールです。"拙速"と言わざるを得ません。「至急確認してください」という結びに至っては、もはや命令です。

【修正文】は、相手を責めるニュアンスを排した文面です。とくに「何か問題が発生したのではないかと心配しております」という一文には、相手への配慮が感じられます。

【ダメ文】のような催促を受けた場合、相手の"自己防衛本能"にスイッチが入り、お詫びどころか、言い訳めいたメールや、こちらに責任転嫁した返信がくるかもしれません。

　もちろん、どういう文面にするかはケースにもよります。以下のようなケースでは、よりシビアな催促が必要です。

- 相手が締め切り破りの常習犯である
- 一度催促したにもかかわらず、再び期日までに届かない

　どうしても期日を守ってもらいたいなら、催促メールを送らなくて済むように、**締め切り数日前にリマインドメールを送る**などの予防策を講じることも大切です。

相手に配慮する態度を示す

ダメ文 ✕

命令口調で取りつく島がなく怖い印象

本日の10時までに納品いただくことになっていた商品がまだ届いておりません。
困っておりますので、至急確認してください。

1回目の催促では相手の"逃げ道"を用意しておきましょう

修正文

お願いしていた商品の件でご連絡差し上げました。
本日の10時までにいただくことになっていましたが、
まだこちらに届いておりません。
何か問題が発生したのではないかと心配しております。
ご多忙のところ恐れ入りますが、
ご確認いただけますと幸いです。

責めるニュアンスがなくなり相手への配慮が感じられる

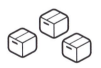

POINT
感情的・高圧的な催促は話をこじらせる元です。
催促しなくて済むよう数日前にリマインドするのも手

Chapter 4 … 伝わるメールを書く

79 営業はベネフィットで興味を引く
商品・サービスの購入や契約につながる

□ 知らなかった　□ 実践中

　営業メールで成果を出すためには、ベネフィットを盛り込む必要があります。ベネフィットとは、お客様（消費者・ユーザー・クライアントなど）が、その商品・サービスから得られる恩恵や利益のことです。営業メールでは、商品の自慢ではなく、どれだけ魅力的なベネフィットを提示できるかが勝負です（100項参照）。

　Aの【ダメ文】は、「精鋭のエンジニアが試行錯誤を重ね」などと自慢めいた言葉が書かれている一方、商品のベネフィットがまったく盛り込まれていません。これでは購入意欲がわきません。
　【修正文】では、**ベネフィットをふんだんに盛り込んで、この商品がどれだけ相手の役に立つかを示しています。興味・関心を引きやすく、成約にもつながりやすい文面です。**
　「以下のようなメリットを貴社にご提供します」と前置きしたうえで、①〜③と番号を付けて箇条書きにすることで、読み手にベネフィットが伝わりやすくなっています。

　セールスする側がどれだけ「優れた商品（サービス）」だと感じていても、メールの受け手が「自分（自社）にとってメリットがある」と感じなければ、購入・契約にはつながりません。

　何を書けば相手は喜んでくれるでしょうか？　その心理・心情を把握したうえで、相手が興味を引く言葉を差し出しましょう。

購入意欲がわく文を書く

商品の自慢だけで、ベネフィットが盛り込まれていない

ダメ文

さて、弊社開発の最新商品管理システム
「おまかせちゃんPRO」をお使いいただきたく、
ご連絡いたしました。
精鋭のエンジニアが試行錯誤を重ねて開発したツールです。
ご検討のほどよろしくお願いいたします。

購入意欲がわくように
うまくベネフィットを
伝えましょう

修正文

さて、弊社開発の最新商品管理システム
「おまかせちゃんPRO」をご紹介したく、ご連絡いたしました。
本ツールは、以下のメリットを貴社にご提供します。

① 入庫から出荷まで一気通貫でクラウド管理
　【ワンストップで対応】
② 従来のシステムと比較して約5倍の作業効率化
　【スピードアップ】
③ 最初の1カ月間はお試し期間【リスク回避】

価格面では競合品より割高ながら、現時点で
「おまかせちゃんPRO」の機能を超えるシステムは
皆無と自負しております。

誠に勝手ながら、商品資料を添付しておりますので、
お目通しいただけますと幸いです。
ご興味があるようでしたら、すぐにご説明に伺います。

〈以下省略〉

POINT 優れた商品・サービスでもベネフィットが
ないと購入にはつながりません

Chapter 4　自分も相手もラクになる　伝わるメールを書く

201

Chapter 4 … 伝わるメールを書く

お礼は具体的に喜びを書く
メールの文面が受け手に心地よく響く

☐ 知らなかった　☐ 実践中

　社会人たるもの、お礼メールのひとつくらいスマートに書きたいものです。にもかかわらず、形式的・表面的なお礼メールを書く人が少なくありません。お礼メールは、相手と信頼関係を築く絶好のチャンス。社交辞令で済ませてしまうのは、もったいないことです。
　🅐 の【ダメ文】は相手に響かない「イージーなお礼文」です。
　そのパーティーでは何を得たのでしょう？　何が楽しかったのでしょう？　何が嬉しかったのでしょう？　もっといえば、相手は、どうお礼を言われたら嬉しいと思いますか？　**もう少し具体的な言葉で、お礼の気持ちを表現する必要があります。**
【修正文】は、書き手の率直な喜びが伝わってきます。このお礼メールであれば、相手も「ここまで喜んでくれるなら、また連れていってあげよう」と思うのではないでしょうか。
【修正文】が素晴らしいのは、「私の事業のブランディングについても親身にアドバイスいただき」や、「想像以上に気さくなお二人で」という具合に、**喜びの気持ちを具体的に書いている**点です。「いまだに興奮が冷めやらず」や、「須村社長にいただいたご縁を大切に〜」というフレーズも実感がこもっていて受け手には心地よく響きます。

　人から施しを受けたにもかかわらず、お礼メールを送らない人や、お礼メールが淡泊な人は、みずから良好な人間関係を築くチャンスを遠ざけている人かもしれません。

書き手の率直な喜びを伝える

ダメ文

形式的・表面的で相手に響かない

昨日はお誘いいただき、ありがとうございました。
勉強になりました。

感謝がきちんと伝わるように具体的な言葉で表現しましょう

修正文

❶ 昨日はパーティーにお誘いいただき、ありがとうございました。
それぞれの業界で大活躍されている方々との交流は、
刺激と学びに満ちており、夢のような時間を過ごせました。
心より感謝申し上げます。

また、私の事業のブランディングについても
親身にアドバイスいただき、ありがとうございました。
ご助言をもとに行動プランを練り、
さっそく今日から実践します！
しっかり結果を出して、改めてご報告いたします。

嬉しかったことを具体的に書き行動につなげている

❷ 昨日はパーティーにお誘いいただき、ありがとうございました。
それぞれの業界で大活躍されている方々との交流は、
刺激と学びに満ちており、夢のような時間を過ごせました。
心より感謝申し上げます。

とくに、以前から憧れていたデザイナーの木村様と森様を
ご紹介いただき、ありがとうございました。
想像以上に気さくなお二人で、
質問にも丁寧に答えてくださいました。
いまだに興奮が冷めやらず、です。
須村社長にいただいたご縁を大切に、今後も励んで参ります。

実感のこもった素直なフレーズが好印象

POINT
お礼のメールは
良好な信頼関係を築くチャンスです

Chapter 4 … 伝わるメールを書く

断るときは関係にヒビを入れない
良好な信頼関係を築くチャンスになる

□ 知らなかった　□ 実践中

　提案・依頼・お誘いに対する断りメールは、意外に難しいものです。そっけないと相手の気持ちを害しかねず、気を使いすぎた"思わせぶりな文面"は、相手に変に期待をもたせてしまいます。

　Aの【ダメ文】は、そっけない断りメールです。「気乗りがしません」「興味がありません」というニュアンスが感じられるほか、相手に対する配慮や敬意も感じられません。

　【修正文】のように「不参加でお願いします」を「参加が叶いません」に変えるだけでも、相手に与える印象が変わります。加えて「残念です」と添えることで、「行きたいけど、行けない無念さ」が伝わります。さらに「福岡への出張が入っており」と、理由を明らかにしている点も好感度"大"です。

　言うまでもありませんが、断る理由を書くときに「ウソをつく」のはよくありません。

　具体的に書くと角が立ちそうなときは、「どうしても外せない仕事が入っており」「先約があるため」などの表現で対応しましょう。「もしプレスリリース等をいただけるようであれば〜紹介させていただきます」と、**相手にとってメリットの大きいオファーをしている**点も心憎い配慮です。今後も関係性を維持していきたい相手であれば、なおのこと効き目があります。

　仕事ができる人ほど、断りメールの書き方がうまいものです。**相手の気分を害さないのはもちろん、良好な信頼関係を築くチャンスにしてしまう。**その域に達すれば、免許皆伝です。

理由とお詫びの気持ちを示す

● 断りメールに必要な要素

断りの理由を示す
（可能な範囲で）

期待に応えられなかった
お詫びの気持ちを示す

A

ダメ文

相手への配慮や敬意が感じられない

ご案内いただいていた試写会ですが、
不参加でお願いします。
今後ともよろしくお願いいたします。

相手の気分を
害さないよう
修正します

修正文

このたびは、試写会のご案内をいただき、
誠にありがとうございます。

あいにく当日は福岡への出張が入っており、
参加が叶いません。
いち早く三宅監督の新作を拝見したかったので残念です。

もしプレスリリース等をいただけるようであれば、
弊社メディアサイトの映画紹介コーナーで
紹介させていただきます。

お手数をおかけいたしますが、
ご検討いただけますよう、よろしくお願いいたします。

角が立たない断りメールに

Chapter 4 … 伝わるメールを書く

お詫びは相手の気持ちに寄り添う
5大要素で相手との信頼関係が保たれる

□ 知らなかった　□ 実践中

　お詫びメールは、相手の気持ちに寄り添いながら、ミスが起きた原因や今後の対応策を具体的に伝える必要があります。
　お詫びメールには下記の5つの要素を盛り込みます。

❶ **誠意ある謝罪**
　お詫び文の場合、それなりに長さが必要です。「長さより心が大事」などと思ってはいけません。目の前に相手がいないメールでは、言葉を変えながら何度もお詫びして、初めて誠意が伝わるのです。

❷ **相手の気持ちに寄り添う**
　お詫びメールでは、相手の気持ち（怒りや失望や落胆）に寄り添うことが大切です。相手は、単に謝罪の言葉が欲しいのではなく、自分の気持ちを分かってもらいたいのです。

❸ **原因を書く**
　人によっては、どうしてそういうミス（トラブル）が発生したのか原因を知りたがる人もいます。原因が特定できていない場合は、調査する旨を伝えたうえで、現状で考えうる推測を伝えましょう。

❹ **対応策を書く**
「お詫び」と「対応策」はセットです。具体的な対応策を示すことによって、相手の怒りが鎮まることも少なくありません。

❺ **改善策を書く**
　同じミスやトラブルが二度と起きないよう、今後の改善策を示すことも肝心です。**改善策を具体的に示すこともまた反省の気持ちを伝えるひとつの方法なのです**。

改善策も書いて反省の気持ちを示す

このたびは、商品の手配ミスがあり、 ← 誠意ある姿勢で
誠に申し訳ございませんでした。❶

商品が期日に届かなかったとのこと。 ← 相手の気持ちに寄り添う
さぞかしご不快な思いをなさったことと存じます。❷

心よりお詫び申し上げます。❶ ← 言葉を変えて何度もお詫び

弊社システムのサーバーダウンにともなう手配ミスが原因です。❸

チェックが行き届かなかった点についても、 ← 原因を伝える
重ねてお詫び申し上げます。❸

つきましては、至急商品を手配いたしまして、 ← 対応策を伝える
明日10時までに弊社の担当営業がお届けにあがります。❹

なお、今後、同じような不手際がないよう、
システム保守と万が一の場合のチェック体制を強めていく所存です。❺

誠に勝手なお願いではございますが、 ← 改善策を示すことで反省の意を表現
引き続き、お引き立ていただけますと幸いです。

このたびは、本当に申し訳ございませんでした。❶

POINT
単なる謝罪の言葉だけでなく、
相手の気持ちに寄り添い、
対応策や再発防止の意を示すことで、
再び信頼関係を築けます

Chapter 4 自分も相手もラクになる 伝わるメールを書く

【 伝わるメールを書く 】

Chapter 4 のおさらい

- ☐ 件名は用件がひと目で分かるものにし、本文の内容を最適化する。

- ☐ 箇条書きや空白の行を使うなど、メールの見た目にも気を配る。

- ☐ お願いや指示はソフトに行い、クッション言葉も活用する。

- ☐ 報告・連絡・相談のメールは要点を簡潔に書く。

- ☐ お礼のメールは具体的に喜びを書き、相手との人間関係を深める。

Chapter

5

心に刺さる文章を書いて

相手を動かす

ビジネスで書く文章の目的のひとつは
顧客に行動を起こしてもらうこと。
Chapter5では、相手の心を動かし
売上アップにつながる文章の書き方を解説します。

Chapter 5 … 相手を動かす

具体的な描写で感情を動かす
読む人が文章に感情移入しやすくなる

☐ 知らなかった　☐ 実践中

　人の感情に訴えかける力が強いのは、抽象的な表現よりも具体的な表現です。もしも、読む人に「共感してもらいたい」「イメージを共有してもらいたい」ならば、**具体的な表現やエピソードを積極的に盛り込む必要があります。**

　Aの【ダメ文】の「猛烈な寒さ」というのは、抽象的な表現です。読む人は、それぞれの「猛烈な寒さ」を思い浮かべるでしょう。

　しかし、それでは、書き手が体験した「猛烈な寒さ」が伝わったことにはなりません。読み手の自己解釈に依存しすぎた文章です。【修正文】のように具体的な表現（エピソード）であれば、読む人は、書き手が味わった「猛烈な寒さ」を追体験できるでしょう。

　大事なのは、書き手が「寒い」と語ることではなく、読む人に「寒さ」を感じてもらうことです。

　少し別の角度から、具体的な表現の効果・効能を示してみます。カレー屋で、**B**のように書かれたメニューがあるとします。どのカレーが食べたくなるでしょうか？

　❶や❷のネーミングには、さほど興味を引かれなくても、具体的に書かれた❸や❹のネーミングには、興味がわいて「おいしそう！」「食べてみたい！」と思った方もいるでしょう。表現が具体的になればなるほど読む人のイメージが鮮明になる証拠です。

　人は、イメージしやすいものに興味をもちやすく、イメージしにくいものには興味を抱かない生き物です。**情景描写や心理描写を具体的にするほど、読む人が感情移入しやすくなります。**

読む人に追体験させる

A

ダメ文　今日は猛烈な寒さだった。　【抽象的で伝わりにくい】

具体的な表現や
エピソードを
盛り込んでみましょう

修正文

❶ 今日は猛烈な寒さだった。**駅で母を待つ5分の間に手先がかじかんでしまった。**

❷ 今日は猛烈な寒さだった。**暖房をつけてもなかなか部屋が暖まらず、猫はごはんの時間になっても布団の中にもぐったままだった。**

❸ 今日は猛烈な寒さだった。**道路や水道管だけでなく、ベランダに置いていた大根まで凍っていた。**

【読む人が寒さを追体験できる表現に】

B

❶ カレーライス
❷ おいしいカレーライス
❸ 本場インド人シェフの味！スパイシーカレーライス
❹ 本場インド人シェフが20年かけて完成させた味！
　カレー通が感涙するスパイシーカレーライス

表現が具体的になるほど
おいしそうに感じますね

Chapter 5 ・・・ 相手を動かす

安さの訴求は「イメージのしやすさ」で
人はイメージできないものに興味を抱きにくい

□ 知らなかった　□ 実践中

　にぎわったデパ地下などを歩いているとき、燻製専門店から店員の威勢のよい声が聞こえてきました。「安いよー、安いよー！」。

　しかし、いくら「安い」と連呼されても、あまり「買いたい」気持ちになりません。では、Ⓐのかけ声だったらどうでしょう。「3袋＝1000円」という具体的な言葉につられて、思わず声のするほうへ顔を向けてしまうのではないでしょうか。

　下のかけ声も値引きの内容は上と同じですが、このかけ声には、あまり興味をもてません。なぜなら、「30％以上の値引き」と言われても、具体的にイメージできないからです。**人はイメージできないものに対して興味を抱きにくい**ものなのです。

　これは文章にもいえることです。いくら安さをアピールしても、読んだ人がその安さをパッとイメージできなければ、「お買い得」という気持ちになりません。

　Ⓑのように、**具体的な言葉（安さをイメージしやすい言葉）を使うだけで、読む人の購買意欲が刺激されやすくなります。**

　なお、「具体的な言葉を使う」以外にも、Ⓒのように**「比較」を使って、安さをイメージさせる**方法があります。

　商品単体の価格にはピンとこなかった人でも、このような比較を見せられることで、価格の価値（安さ）に気づきやすくなります。

　❸のように、価格（安さ）の理由を明確にするのも、ひとつの方法です。理由が分かれば納得できる人もいるからです。

具体的な言葉で購買意欲を刺激する

A

○ 「安いよー。手作りソーセージ、ひと袋500円のところ、3袋お買い上げのお客様には**1000円ぽっきり**でご奉仕！」

　具体的な価格に思わず反応

✕ 「安いよー。手作りソーセージ、ひと袋500円のところ、3袋お買い上げのお客様には**30％以上の値引き**を行います！」

　具体的に安さをイメージできない

B

✕ 餃子半額！	→	○ 餃子が半額、1皿200円！
✕ 今なら年会費無料！	→	○ 今なら年会費3000円が無料！
✕ お得な閉店セール！	→	○ 閉店セール店内全品50％オフ！

具体的な言葉で読む人の購買意欲を刺激しましょう

C

❶ 税理士に依頼した場合、最低でも**5万円**はかかりますが、クラウド会計ソフトをご利用いただければ、**1万円を超えることはありません**。

❷ 通常、カメラマンに撮影を依頼したときの費用は**10万円が相場**と言われています。一方、弊社の「おまかせカメラマン派遣サービス」は、**一律5万円**で承っております。

❸ **優勝記念セールにつき**、約50％OFFの3万9800円でご提供します。

比較を見せて安さをアピールしたり理由を明確にしたりするのも手です

Chapter 5　心に刺さる文章を書いて相手を動かす

Chapter 5 … 相手を動かす

 五感を刺激するシズルを書く
読む人の頭に鮮明なイメージが浮かび上がる

□ 知らなかった　□ 実践中

「ステーキを売るな、シズルを売れ！」

エルマー・ホイラーという経営アドバイザーの有名な言葉です。シズル（sizzle）とは、ステーキを鉄板で焼くときの「ジュ〜ジュ〜」という音のことです。

「シズルを売れ」とは、鉄板でステーキを焼くときの匂いだったり、したたる肉汁だったり、「ジュ〜」という音だったり、消費者がおいしさをイメージできる方法で訴求せよ、という意味です。

例えば、焼肉屋さんでメニューを見たときに、肉汁を飛び散らせながら、鉄板の上で豪快に焼かれるステーキの写真を見せられたら、がぜん食欲がかき立てられます。

文章も同じことがいえます。🅐の場合、食べたくなるのは❷ではないでしょうか。

「シズル」の正体は、読む人の五感（視覚・聴覚・嗅覚・触覚・味覚）を刺激する表現力です。**シズルには、読む人の頭に鮮明なイメージを浮かび上がらせるパワーがあるのです。**

五感を刺激する表現として「ワクワク」「じゃんじゃん」「サクサク」「ぬるぬる」「シャキッと」「ズバッと」「サクッと」……等々、**擬音語（生物の声や無生物の出す音を表す語）や擬態語（動作・状態などを音で象徴的に表現する語）を使う**手があります。

また、「春先に咲く花のようなさわやかな匂い」「無邪気に遊ぶ子猫のような愛くるしさ」という具合に、読む人がイメージしやすい形容詞や比喩を使って五感を刺激することもできます。

シズルの表現を使いこなす

A

❶ 甘くておいしいマンゴーです。 → おいしそう！

❷ とろーり果肉からジュワッと果汁が広がるマンゴーです。

「シズル」とは読む人の五感を刺激する表現のことです

● 読む人の五感に訴える

✕ おいしい大トロ
◯ 口に入れた瞬間**トロリととろけていく**大トロ

✕ サウナで整う
◯ サウナで**ドバドバ**汗をかいた後、**キンキン**水風呂ですっきり整う

✕ 洗い立てのタオル
◯ **ふっかふかでお日様の香りがする**洗い立てのタオル

✕ 樽で熟成された赤ワイン
◯ オーク樽の**スモーキーな香り**に、**コクとまろやかさ**を兼ね備えた熟成赤ワイン

| シズルの表現例 | ふわふわ　カリッカリ　つるっと　ズドン　スカッと　するする　ビシッと　じわ〜っと |

擬音語や擬態語を使うと「シズル」を表現できます

Chapter 5 心に刺さる文章を書いて 相手を動かす

Chapter 5 … 相手を動かす

86 Q&Aで読者の不安を取り除く
読み手の疑問に答えれば購入につながる

□ 知らなかった　□ 実践中

　商品・サービスの購入を検討しているとき、消費者は常に不安を抱えています。商品について、価格について、保証について……等々、小さな気がかりが購入をためらわせることもあります。

　読者の不安を取り除く方法のひとつが、「Q&A」です。**ターゲットが不安に思っていること、疑問に感じていることを事前にリサーチし、「質疑応答」の形式でセールス文章に盛り込む**のです。

　仮にリフォームをしようか迷っている人であれば、A のようなQ&Aを読むことで少し安心することでしょう。

　ターゲットが「聞きたい」「知りたい」と思っていることの答えが書かれていれば、購入や契約の確率が高まります。

　B のQ&Aを読んだ人の中には、「太陽光発電システムのイニシャルコストは高い＝デメリット」という思い込みを手放す人も出てくるはずです。

　このように、**ネガティブな質問に対して、説得力をもたせながら、丁寧かつ誠実に回答できれば、読む人の不安を取り除くことができます。**

　本文は読まなくても、Q&Aには目を通す人も少なくありません。なぜなら、Q&Aには、お客様が知りたいと思っている情報が書かれている可能性が高いからです。

　逆にいえば、お客様にどうしても伝えたい情報があるときや、購入に対する消費者の抵抗感を取り除いておきたいときには、あえてQ&Aでアナウンスするのもひとつの方法です。

216

読む人の「知りたい」に答える

A

Q 悪徳業者が多いと聞いてリフォームに踏み切れません。

A 弊社のリフォームサービスは、お客様に安心してご利用いただけます。長年の実績と高い技術力をもつ専門スタッフが、丁寧な説明と細やかな対応で工事を行います。透明性の高い見積もりと契約プロセス、充実した保証制度も整えています。また、業界団体にも加盟し、厳格な品質基準を遵守しています。お客様の満足度は常に高く、多くのリピーターやご紹介をいただいております。ご要望を伺いながら、安心で快適な住まいづくりをサポートさせていただきます。

> ターゲットが不安に思っていることを
> セールス文章に「質疑応答」で盛り込む

B

Q 太陽光発電システムはイニシャルコスト（初期費用）が高くありませんか？

A 確かに太陽光発電システムの初期費用は高額です。しかし長期的に見れば、電気代の削減や売電収入により投資金の回収が可能です。また、技術の進歩により設備コストは年々低下しています。さらに、環境への貢献や電力の自給自足といった金銭的価値以外のメリットもあります。結果として、太陽光発電は長期的に見て十分にコストパフォーマンスの高い選択肢といえるでしょう。

> ネガティブな疑問も丁寧かつ誠実に
> 回答できれば読む人の不安を取り除ける

POINT 本文を読まずにQ&Aにだけ目を通す人も多いので情報をQ&Aで伝えるのも手です

Chapter 5 心に刺さる文章を書いて相手を動かす

Chapter 5 … 相手を動かす

読む人の疑問に先回りして答える
読む人の不安を取り除く必要がある

□ 知らなかった　□ 実践中

「セールス文章」を書くときには、「読む人の疑問や質問にしっかりと答える」という意識が大切です。

対面であれば、お客様の疑問や質問に、そのつど、店員が対応することができます。ところが、文章の場合、書いた本人は読む人の目の前にいません。当然ながら、読む人が何か質問をしたいと思っても、答える人がいないわけです。

例えば、腰痛に悩む人が、整骨院のウェブページを閲覧中に、「全米大ヒット腰痛ベルト」が気になったとします。「もし本当に腰がラクになるなら欲しいかも……」と興味をもったら、どんな情報が知りたくなるでしょうか。

知りたい情報が、あらかじめ文章に盛り込まれていれば、この人がベルトを購入する可能性は高くなります。
「このベルトは日本人の体型にも合うのかな？」と疑問に感じている人であれば、Ａの❶のような文章が書かれていることで「なるほど、それなら安心だね」と納得するでしょう。
「本当に腰痛に効果があるの？」という疑問をもっている人には、❷のような文章が響くかもしれません。

とくに商品が高額になるほど、人は購入に対して慎重になります。「損をしたくない」「だまされたくない」という不安が芽生えるからです。だからこそ、**読み手の不安を払拭する情報を盛り込む必要がある**のです。「備えあれば憂いなし」の格言は、「セールス文章」にも通じます。「備え＝読む人の疑問に先回りして答える」です。

読む人の疑問・不安を事前に解消する

読む人がどんな情報を知りたいか考える

- □ どのようなメカニズムで悩みが解決するのか
- □ 日本の安全基準への適合性
- □ サイズ展開(日本人の体型に合うか)
- □ 返品・交換ポリシー、保証期間
- □ 医師や専門家の推奨があるか
- □ 日本人ユーザーの評価や体験談
- □ 日本語でのカスタマーサポート

知りたかった情報があらかじめ文章に盛り込まれていることが大切です

A

「日本人にも合うのかな？」に答える

❶ この「全米大ヒット腰痛ベルト」は、日本上陸にあたり、日本人の体型と腰痛もちの方の特性を徹底的に分析し、日本人向けに開発した商品です。

「本当に効果があるの？」に答える

❷ 現在この「全米大ヒット腰痛ベルト」を利用しているユーザーのうち89％が、効果を実感しています。(※)

POINT
読み手の不安を払拭する情報をあらかじめ盛り込みましょう

※薬機法により効能・効果を具体的に表示できない商品については、法律を確認のうえ、表現方法には十分に注意しましょう。

Chapter 5 … 相手を動かす

88 「不を維持する代償」を伝える
潜在的顧客の背中を押すことができる

□ 知らなかった　□ 実践中

商品・サービスの中には、不便・不快・不安・不満……など、人々の「不」を解消するために生まれたものが多くあります。

例えば、**A** の**❶**高級ワークチェアであれば、長時間イスに座って作業をする人のために生まれた商品です。したがって、買わせる文章では「快適に仕事ができる」「疲れない」など商品のベネフィット（購入者が得る恩恵・利益）を訴求するのが王道です。

ただし、ベネフィットを語るだけでは興味をもたれにくいケースもあります。そういうときは、不を維持すると（姿勢の悪いイスで長時間座ると）、この先、どのような結果が待ち受けているかを伝える方法が有効です。

B のように、**「不を維持する代償」を自覚してもらうことで、潜在的顧客の背中を押すことができます。**中には、こうした文面を目にして、初めて自分の「不」に気がつく人もいるでしょう。

「不を維持する代償を伝える」とは、現状に警鐘を鳴らすことです。それだけではありません。**警鐘を鳴らすと同時に、商品の価値にも気づいてもらう**というテクニックです。

もちろん、警鐘を鳴らすからには、それなりの根拠がなければいけません。根拠がない（弱い）と、読む人に「うさん臭い」「納得できない」とそっぽを向かれかねません。

根拠を書くときには、論理の破綻や飛躍に注意して、「○○は△△である」のような分かりやすい文章を、丁寧に積み上げていきましょう。もちろん、根拠の裏づけを取ることもお忘れなく。

読む人がもつ「不」を自覚させる

A

どのような「不」から商品・サービスが生まれたか

❶ 姿勢の悪いイスで長時間座る（**不快・不健康**）→ 高級ワークチェア
❷ 朝起きるのが苦手（**不快・不得手**）→ 光目覚まし時計
❸ 集客が伸びない（**不利益**）→ 企業向けの SNS 運用
❹ 緊急時の連絡手段を失う（**不安**）→ モバイルバッテリー

B

姿勢が悪いままイスに長時間座ると、腰や首に負担がかかり、慢性的な痛みや姿勢の悪化につながります。1日9時間以上座っている人は、死亡リスクが跳ね上がるという研究結果もあります。

「不」を維持するとどのような結果が待ち受けているかを伝える

● 「不を維持する代償」の例

光目覚まし時計	「朝起きるのが遅れる」→「朝食を抜く」→「集中力が低下する」→「仕事や学業のパフォーマンスが落ちる」
企業向けのSNS運用	・「SNSアカウントがない」→「ユーザーとの接点ができない」→「売上が上がらない」 ・「ウェブ広告などの費用がかさむ」→「その割に広告の効果がない」→「売上が上がらない」
モバイルバッテリー	「スマートフォンの充電切れを放置」→「緊急時の連絡手段を失う」→「仕事や個人的な重要な連絡を逃す」→「機会損失やトラブルの可能性が高まる」

POINT 根拠がないとうさん臭くなるので、丁寧に論を積み上げましょう

Chapter 5 心に刺さる文章を書いて 相手を動かす

Chapter 5 … 相手を動かす

89 あえて弱点・欠点を書く
事前に開示することで消費者の信頼を得られる

☐ 知らなかった　☐ 実践中

　もしも、自分が販売する商品・サービスに何かしらの弱点や欠点がある場合、あなたはそれらを書きますか？　商品には、確実に弱点があるわけですから、それを隠したところで、遅かれ早かれバレてしまいます。その点において消費者は馬鹿ではありません。

　消費者が購入後に弱点を知った場合、「故意にだました」と思われて、トラブルに発展する危険性もあります。果たして、そこまでリスクを犯して商品を売る必要があるでしょうか。

　いずれ消費者に知られる弱点・欠点は、あえて事前に開示することで、消費者の共感や信頼を勝ち取ることもできます。

　セールス文の欄外に、読めないほど小さな文字で注釈が書かれているよりも、**A**や**B**のように「航続距離が他社製品より20％短い」「音声認識機能が搭載されていない」と**弱点・欠点を堂々と示してくれたほうが、読む人は安心する**はずです。隠し事をしない姿勢に誠意を感じる人もいるでしょう。

　しかも、弱点・欠点は、その後の文章の書き方次第で、いくらでもリカバリーできます。航続距離の短さが車の性能を最大限引き出し、音声機能がないからこそ講師から直接指導を受けられる。このV字回復ラインこそが「リカバリー」です。

　もちろん、消費者が気にもとめない小さな弱点・欠点をあえて開示する必要はありませんが、**隠すことで消費者が間違いなく不利益を被る情報は、事前に開示したほうが賢明です。**隠すのではなく、リカバリーに力を注ぎましょう。

リカバリーの文章を追加する

A いずれ知られる弱点・欠点はあえて事前に開示

この電気自動車の航続距離は、同クラスの他社製品と比べて20%ほど短くなっています。

しかし、この短い航続距離こそが、本車の最大の特長でもあります。バッテリー容量を抑えることで、車体重量を大幅に軽減。そのため、同クラス最高レベルの加速性能と卓越したハンドリングを実現しました。日常の移動だけでなく、ワインディングロードでのドライビングプレジャーを存分に味わえる、真のドライバーズカーとなっています。

弱点・欠点＋リカバリー力で読む人を安心させる

B

この英語学習アプリには、他社製品にあるような音声認識機能が搭載されていません。

しかし、それは私たちの意図的な選択です。音声認識技術に頼るのではなく、ネイティブスピーカーによる個別フィードバックを重視しているからです。毎回の発音練習後、24時間以内に経験豊富な講師からの詳細なアドバイスが届きます。この人間の耳による丁寧な指導こそが、確実な発音向上と自信を築く最短ルートだと私たちは確信しています。「機械ではなく、人間から学ぶ」という理念が、当アプリの最大の強みなのです。

POINT あえて事前開示することで信頼や共感を得られます

Chapter 5 … 相手を動かす

90 親しみを感じさせる
抵抗感なくモノを買ってもらえる

☐ 知らなかった　☐ 実践中

　あるパーティーに参加したら、たいして好きでもなかった歌手が来ていて、気さくに握手とサインに応じてくれた。「なんだ、とてもいい人じゃないか」とファンになってしまう。つい配信されている音楽をチェックしてしまう。こういうケースはよくあることです。

　人は相手（会社や商品を含む）に親しみを感じると、比較的抵抗感なくモノを購入するようになります。

　文章の場合はどうでしょう。**読む人と同じ視点や価値観を盛り込むことで、親しみを感じてもらいやすくなります。**

　A の文章は、和歌山在住者なら、地元目線で書かれた内容に親しみを感じるのではないでしょうか。「WE LOVE 和歌山♥」——こんなコピーが、会社の看板やチラシ・カタログ・DM・名刺・公式サイトなど、あらゆる場所に使われていたら、おのずと「この会社は地元に目を向けた会社なんだな」と認識するでしょう。

　個人でビジネスをしている人であれば、自己開示をすることで親しみを感じてもらいやすくなります。自己開示とは、自分の情報（感情・経験・人生観など）を他者に言葉で伝えることです。

　例えば、お堅いイメージのある税理士が、自身のホームページに **B** のようなプロフィールを載せていたらどうでしょう。親近感を覚える人もいるのではないでしょうか。

　仕事とは無関係のプライベート情報からは、税理士自身の素顔や人柄が伝わってきます。安心感を抱いて、「何かあったらこの税理士さんにお願いしよう」と思う人もいるかもしれません。

224

文章に親しみやすさをこめる

● 人は親しみを感じると買ってしまう

A

弊社がここ**和歌山の地に本社を構えてから70年**。3代にわたり、この街のためにどんな貢献ができるか、それだけを考え続けてきました。

和歌山在住者なら親近感を覚える

B

趣味はフットサルとサウナ、温泉です。韓国ドラマとテニスに熱中している妻と、バレーボール部に所属している13歳の娘、それに、スコティッシュフォールド猫(名前はムギちゃん)の3人＋1猫家族です。

自己開示をして親しみを感じてもらう

POINT 個人でビジネスをしている方は自分の情報を積極的に伝えてみましょう

Chapter 5 … 相手を動かす

91 限定感を打ち出す
「買わないともったいない」という気持ちにさせる

□ 知らなかった　□ 実践中

　人には「限定されると欲しくなる性質」があります。

　「限定」を突きつけられることで、読む人の中に「手に入りにくい」「この機会を逃したら、もう二度と買えないかもしれない」「他の人にとられてしまうかもしれない」という緊張感が生まれ、かえって購買意欲がくすぐられるのです。

　京都の「茶の菓」、北海道の「北海道焼きチーズ」など、その地域にしかない名産品を購入する人は少なくありません。**「そこでしか買えない」という限定感が商品の希少性を高める**のです。

　一方、地域限定品だったものを全国販売に切り替えたところ、人気が急下降する事例も多く見られます。

　不思議なもので、人は「どこでも（いつでも）買える」と分かると、「それなら、今買わなくてもいいや」という気持ちになります。その結果、商品の価値が下落してしまうのです。

　Ａ はいずれも、暗に、「今ここで買う理由」を消費者に伝えています。こうしたアナウンスを目にした人は**「買わないともったいない／後悔するかもしれない」という気持ちになりやすい**のです。

　こうした限定感は、「セールス文章」を書くうえで重要な武器のひとつです。もちろん、キャッチコピーにも使えます。

　ただし、どんな商品も「限定感」をアピールしていては逆効果です。消費者に「あの店は毎週のように限定セールを行っている」と思われた時点で信用を落としてしまいます。「限定感」の使いすぎと煽りすぎには、くれぐれも注意しましょう。

商品・サービスの希少性を表現する

限定感を打ち出すワード

- 数量限定
- 先着順
- 特別企画
- 季節限定
- 特別仕様
- 招待制
- 特別エディション

限定感が希少性を高め購買意欲をくすぐります

A 今ここで買う価値をアピール

- ☐ 完売次第終了！ **次回の入荷は未定**です。
- ☐ **明日をもちまして販売を終了**いたしますので、どうぞお早めに。
- ☐ この記念品は、**イベント会場でしか**手に入りません。

限定感のある表現の例

- ☐ 年末年始**限定**の特別ディナー＆宿泊パッケージ
- ☐ 1日20食**限定**の濃厚トリュフラーメン
- ☐ 13時から14時までの**フラッシュセール**！ 全商品50％オフ
- ☐ 高級セダン△△△、200台**限定**の**特別仕様**車発売
- ☐ 3月15日開催の△△講演会、**プレミアム**席は10席のみ！
- ☐ 夏季**限定**、トロピカルマンゴーアイス新発売
- ☐ 毎週月曜、水曜、金曜**のみ**入荷予定
- ☐ 来週末の2日間**限定**、エステ施術し放題キャンペーン！
- ☐ コアファン向け**限定**ライブDVD完成
- ☐ シニア（65歳以上）**限定**のお得な周遊パスポート
- ☐ テラス席は**完全予約**制となっております
- ☐ SNSフォロワー**限定**の特別クーポンを配信
- ☐ 500名様**限定**の無料モニターキャンペーン実施中

Chapter 5 心に刺さる文章を書いて 相手を動かす

Chapter 5 … 相手を動かす

92 最後に行動を促す言葉を書く
読み手は驚くほど行動しない

□ 知らなかった　□ 実践中

　読み手に行動を起こさせる簡単なテクニックがあります。それは、**文章の最後に「行動を促す言葉を書く」**ことと、**「行動すると得られるメリットを書く」**ことです。

　ラブレターで「僕とつき合ってください」と書いたときと書かなかったときでは、どちらがつき合ってもらえる可能性が高いでしょうか？　答えは、行動を促した前者です。

　この理屈は、あらゆる文章＆シチュエーションに通じます。

　DMの最後に、Ａの❶のような文章（行動を促す言葉）を付け加えるだけで、読む人が行動を起こす確率が高まります。

　❷のように、「行動を促す言葉」に続いて、「行動することで得られるメリット」を書けば、行動を起こす人はさらに増えるでしょう。「問い合わせフォームを載せているから、興味のある人は連絡してくるだろう」と考えるのは書き手の思い込みにすぎません。

　人は思った以上に行動しません（本当に！）。問い合わせフォームを目にしても、そこから問い合わせようとは考えません。「ご質問やご相談はお問い合わせフォームよりご連絡ください」と書かれているのを読んで「ああ、問い合わせてもいいのね」と気づくものなのです。あるいは、人は無意識に「行動してヨシ」という許可証の発行を待っている、ともいえます。そうだとしたら、書き手が、読む人に許可証を発行しない手はありません。

　「行動を促す言葉＋行動することで得られるメリット」――たったそれだけの許可証で、得られる結果が大きく変わるのです。

読む人に「行動のきっかけ」を与える

A

❶ この週末の28日・29日は、ぜひ△△マンションギャラリーへお立ち寄りください。

　　　行動を促す言葉があると行動を起こす確率が高まる

❷ この週末の28日・29日は、ぜひ△△マンションギャラリーへお立ち寄りください。経験豊富なコンサルタントが、物件選びや資金計画、税制優遇などについて、丁寧にアドバイスいたします。

　　行動することで得られるメリットが書いてあると
　　　　行動を起こす人がさらに増える

読み手に行動を起こさせる表現の例

行動を促進する表現の例

- 今すぐウェブサイトをチェック。
- 年中無休でご相談を承っております。
- 申込期限は明日18時まで。専用アプリからお申し込みいただけます。
- 同梱の返信用封筒でお送りください。

行動することで得られるメリットの例

- 担当者が24時間以内にご連絡いたします。
- 予約不要で最新モデルに試乗できます。
- その場で契約すると、特別割引が適用されます。
- ご来店の方全員に、△△をプレゼントいたします。

読む人に「行動してヨシ」という許可証を発行しましょう

Chapter 5　心に刺さる文章を書いて　相手を動かす

Chapter 5 … 相手を動かす

93 具体的な言葉を使う
読む人に興味をもってもらえる

□ 知らなかった　□ 実践中

- 抽象的な言葉 → イメージしにくい = 興味をもちにくい
- 具体的な言葉 → イメージしやすい = 興味をもちやすい

抽象的な言葉と具体的な言葉には、このような特徴があります。**情報過多な時代の中で自社の商品・サービスを選んでもらうためには、具体的な言葉で興味をもってもらう必要があります。**

仮に、あなたが就職活動をする学生だとしたら、Aの❶と❷のどちらの文章に興味をもつでしょうか。

❷は❶を具体的な言葉に置き換えたものです。興味を引かれるのは❷ではないでしょうか。❶の「将来、社会で活躍したい学生」や「支援します」は、言葉が抽象的すぎてピンときません。

言葉を具体的にするだけで、訴求力が格段にアップします。

Bはいずれも具体的な言葉のほうが興味を引くはずです（数字や固有名詞も積極的に使っています）。抽象的な言葉の場合、読む人が「自分事としてとらえにくい」というデメリットがあります。

大企業が打つ広告には「聞こえのいい（抽象的な）言葉」が多く使われています。しかし、それが通用するのは、会社の認知度や商品の浸透力が高く、広告の露出も大きい大企業だからです。そもそもの目的が「買わせる」ではなく、「企業のブランドイメージ向上」というケースも少なくありません。

「聞こえのいい言葉」でなんとなく雰囲気を伝えるのではなく、読む人が興味をもてるように具体的な言葉を使いましょう。

読み手に自分事としてとらえてもらう

A

❶ 将来、社会で活躍したい学生を支援します。

❷ MATANA就職を目指す理系大学生に「内定獲得の秘訣」をお教えします。

抽象	→	具体
将来、社会で活躍したい学生	→	MATANA就職を目指す理系大学生
支援します	→	「内定獲得の秘訣」をお教えします

イメージしにくい
＝興味をもちにくい

イメージしやすい
＝興味をもちやすい

B

抽象	→	具体
熟練した料理人	→	ミシュラン星付きレストランで10年以上の経験をもつシェフ
充実したサポート	→	365日・24時間体制のカスタマーサポートチーム
大好評です！	→	月間売上10,000個突破の当店看板商品です！
マーケティングのご相談承ります	→	SNS広告の反応率を2倍にしたい方は、LINEで気軽にお問い合わせください

POINT
抽象的な言葉を具体的な言葉に変えるだけでターゲットに刺さりやすくなり訴求力がアップします

Chapter 5　心に刺さる文章を書いて　相手を動かす

Chapter 5 … 相手を動かす

94 数字を上手に活用する
文章の説得力が高まる

□ 知らなかった　□ 実践中

　数字というのはおもしろいもので、「どう使うか」によって、文章の説得力や、読む人に与える印象が大きく変わります。

　Aの❶と❷は同じことを言っています。どちらがいい悪いではありませんが、多くの方が「1日に約1000人」という数字にリアリティを感じるのではないでしょうか。イメージしやすいからです。

　少し工夫を凝らせば❸のような言い方もできます。読んだ人は、❶や❷よりも「深刻な状況」だと感じるのではないでしょうか。

　Bのようなデータは、文章の説得力を高めたいときに有効です。ただし、中には「たった15名では調査の規模が小さすぎるのでは？」と思う人もいるかもしれません。そこで、調査対象の人数を伏せると同時に、パーセント（％）の表記を使いました。高い説得力を感じるのは、後者ではないでしょうか。

　Cは「200％増加」といっても、新規顧客数1500人→4500人と、150人→450人では、規模が違います。**実際の数字を出すよりもパーセントで示したほうがインパクトを出せるようなら、パーセントでの表記を検討したほうがいいでしょう。**

　仮に、売上が「一昨年500万円→昨年1500万円→今年3000万円」であれば、「前年比100％増の売上」ではなく、「2年間で500％増の売上」と書いたほうがインパクトを出せます。

　せっかく数字を使っても、「たいしたことがない」と思われては意味がありません。**数字の効果を最大限に引き出すためには、どういう使い方（見せ方）をすればいいか、よく考えましょう。**

インパクトのある数字を見せる

A

❶ 日本では、**年間におよそ36万8000人**が交通事故で死傷しています。

❷ 日本では、**1日に約1000人**が交通事故で死傷しています。

❸ 日本では**約1分26秒に1人**のペースで交通事故による死傷者が発生しています。

❶～❸はすべて同じ内容ですが、印象は大きく違います

B

✗ 30代の会社員15名に試用してもらったところ、12人がストレス軽減効果を実感しました。

調査の規模が小さいと違和感をもつ人も

○ 30代の会社員に試用してもらったところ、80％がストレス軽減効果を実感しました。

C

○ 当社の新規顧客数は前四半期比200％増加しました。

パーセントで示したほうがインパクトを出せる場合も

POINT どういう見せ方をすれば効果が大きくなるかよく考えましょう

Chapter 5 心に刺さる文章を書いて相手を動かす

233

Chapter 5 ・・・ 相手を動かす

 95 媒体やツールに応じて書き方を変える
より結果が出やすくなる

□ 知らなかった　□ 実践中

　いったん文章を書き上げたら、あらゆる媒体で使い回せばOK——と言いたいところですが……、実際のところ、そううまくはいきません。
　なぜなら、媒体・ツールにはそれぞれ特性（長短所）があるからです。**「セールス文章」を書くときには、使う媒体・ツールの特性を見極めながら、文章を書き分ける必要があります。**

　POP（ポップ）の場合、たまたまその店を訪れたお客様が、そこに書かれている文章を読んだ瞬間に「あれ、おもしろい商品だな」と興味をもつように、あるいは、「おっ、この商品が欲しい！」とひと目ぼれするように、工夫を凝らしておく必要があります。
　ウェブ上のセールスページであれば、商品の詳細を丁寧に書いて、見込み客の信頼を勝ち取る必要があります。
　また、購入に対する抵抗感を取り除いて、「購入ボタン」をクリックするところまで分かりやすく誘導しなければいけません。もちろん、ファーストビュー(※)で読む人の興味を引きつけて、最後まで読ませ切る展開力も必要です。

　媒体やツールの特性をよく理解しておけば、ピントのズレた文章を書くリスクが減り、より結果が出やすくなるはずです。文章の使い回しには、くれぐれも注意しましょう。

※ユーザーがアクセスした際に最初に目に入る部分のこと。スクロールしないと表示されない部分はファーストビューには含まれない。

媒体やツールの特性を理解する

● 媒体とツールの特性の違い（一例）

	訴求対象			文章の賞味期限			読み手との接触状況	
	全国	法人	個人	長期	短期	瞬時	受動	能動
POP			○			○	○	
DM・チラシ		△	○		△	○	○	
SNS広告	○		○		○		○	
ウェブサイト	○	○	○	○				○
SNS	○	△	○		△	○	○	△
メルマガ 公式LINEアカウント		△	○		△	○	○	△
ブログ・note	○	△	○	○				○

店頭に置かれているPOP

訴求対象：個人
賞味期限：瞬時
接触状況：受動

ウェブサイトのセールスページ

訴求対象：全国・法人・個人
賞味期限：長期
接触状況：能動

POINT 媒体やツールの特性を理解することでより結果が出やすくなります

Chapter 5 … 相手を動かす

96 読む人の反応を決める
読む人の求める言葉や情報が見えてくる

□ 知らなかった　□ 実践中

「資格を取る！」と決めた受験生と「資格を取れたらいいなあ」という受験生では、合格する可能性が高いのは前者です。結果を決める（ゴール地点を決める）ことで、脳が「どうすれば資格を取ることができるか？」という方法を具体的に考え始めるからです。

文章を書くときにも、このゴール地点を決める（＝読む人の反応を決める）という意識がたいへん重要です。

読む人の反応を決めるもうひとつのメリットは、読む人の視点が得られる点にあります。企画書の場合なら、良し悪しを判断する人の反応を「この企画を採用しよう！」と決めることで、**読む人がどんな言葉や情報を求めているかが見えてくるのです。**

POPの作成で考えてみましょう。

AさんとBさんが商品のPOPを書きました。Aさんは、読む人が「この商品が欲しい！」と興奮する姿をイメージして文章を書きました。一方のBさんは、読む人の反応を決めずに、漠然と「誰かが買ってくれたらいいなあ」と考えて書きました。

この場合、実際に商品がよく売れるのはAさんのPOPです。なぜなら、読む人の反応を決めたAさんは、**どうしたらイメージ通りの反応が得られるか、具体的な方法を考える**からです（右は一例）。

読む人の反応を決めるか、それとも、運任せにするか。どちらを選ぶかによって、書いた文章の結果に大きな差が生じます。

読む人の反応を決める書き方は、クルマのナビに目的地をセットするようなもの。ゴールへたどり着く確実な方法です。

読む人の視点を取り入れる

● ゴールを決めてから文章を書く

● 読む人の反応(ゴール)の例

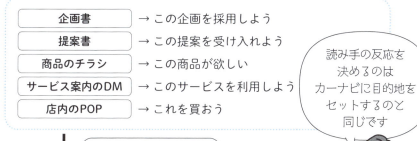

- どういうキャッチコピーを付ければ興味を引くか？
- どういうアプローチで訴求すれば買いたくなるか？
- 何を書けば、納得(共感)してもらえるか？

Chapter 5 … 相手を動かす

97 呼びかけ・疑問形を使う
読む人がつい反応してしまう

□ 知らなかった　□ 実践中

A は商品のターゲットに直接呼びかける型です。

「経営者」「新入社員」「部長」「団塊世代」「○○したい方」「○○にお困りの方」「○○をお探しの方」……等々、**直接呼びかけられると、人はつい「私のこと？」と反応してしまうものです。**

「孫のいる女性」よりも「遠方に住む孫となかなか会えないあなた」と名指しするほうが、あるいは、「中年女性の皆さま」よりも「肌の衰えが気になるアラフィフ女性の方」と名指しするほうが、ターゲットに振り向いてもらいやすくなります。

ほかにも「創業5年以内の起業家の皆さま」「年金の受給に不安があるシニア世代の方々」「仕事で成果を出したい20代後半の皆さん」など、さまざまな呼びかけ方が考えられます。

また、もっとも手軽に使えて、なおかつ、高い効果を期待できる万能キャッチコピーが **B** のような「疑問形」です。

疑問形は、「問いかけられると、つい答えたくなる（答えを知りたくなる）」人間の習性を逆手にとったアプローチです。

読む人に「反応してもらう」という点において、疑問形のキャッチコピーは最強かもしれません。

食べ物や洗剤などの日用品から、介護やコンサルティングなどのサービスまで、あらゆる業界・業種のキャッチコピーに使えます。「なぜ（どうして）〜？」「まさか〜？」などは、お約束パターンとして、いつでも使えるようにしておきましょう。

直接働きかけて振り向かせる

A

平凡文　高性能な日焼け止めクリーム

ターゲットに直接
呼びかけてみる

私のこと？ と思わせる

修正文　紫外線に敏感な30代女性の皆様へ

直接呼びかけの例

- ☐ 資金繰りに悩んでいる二代目社長へ
- ☐ 定年後も活躍の場を求めているシニア世代の方々
- ☐ 恋愛に自信をなくしてしまった20代後半の皆さん
- ☐ 英語学習が長続きしない方へ
- ☐ ワインは赤が最強！ と思い込んでいる方へ
- ☐ ダイエットに挫折した経験のある方へ
- ☐ 電車で「お席どうぞ」と言われてショックを受けたあなた

B

平凡文　オンラインで学習をサポート

疑問形に
アレンジしてみる

修正文　もしかして、子どもの学習でお悩みではありませんか？

つい答えたくなる表現に

疑問形の例

- ☐ 砂糖を使ってないってホント？
- ☐ 借金の悩みから解放されたくありませんか？
- ☐ なぜ、姿勢の悪い人は印象が悪いのか？
- ☐ まさか、ハンドソープで顔も洗っていませんか？
- ☐ 絶対に避けるべきコンビニの商品とは？
- ☐ 突然の転職の誘い。そのときあなたはどうする？
- ☐ 極度の人見知りだった私が、
　　どうやって営業のトップセールスになれたのか？

Chapter 5　心に刺さる文章を書いて 相手を動かす

Chapter 5 … 相手を動かす

お客様の声を活用する
商品・サービスに対する興味へとつながる

□ 知らなかった　□ 実践中

　A のように、お客様からもらった感想をそのまま使う型は、手堅い反応が得られるアプローチのひとつです。

　なぜなら、**「お客様の感想＝ターゲットの未来像」**だからです。書き手側（自分本位）ではなく、お客様側（相手本位）の言葉でベネフィット（購入者が得る恩恵・利益）を伝えることができるため、ターゲットに刺さりやすいのです。

　お客様の感想は、できる限りそのまま使うようにしましょう。変にイジると、言葉が書き手都合になってしまいます。

　一方、**B** のようにお客様の声（悩み・不安・不満・課題・願望など）を代弁する方法もあります。

　人には、人知れず抱えている声があります。その声を代弁するキャッチコピーに出会ったとき、思わず「その通り！」「それ分かる！」「よくぞ言ってくれた！」とひざを打ちたくなるでしょう。

　キャッチコピー（メッセージ）への共感は、その続きの文章への興味、さらには、商品に対する興味へとつながるはずです。

　代弁のキャッチコピーが成功するかどうかは、ターゲットについての理解度にかかってきます。思ってはいるけど、なかなか口には出せない、あるいは、本人でさえまだ気づいていない——そんな気持ちが代弁できたときに、大きな共感が生まれます。

「お客様の声」で読み手の共感を誘う

A

平凡文　この運動器具で、理想体型に！

お客様側の言葉で伝えてみる

修正文　え、こんなに短期間で体が引き締まるなんて！

ターゲットの未来像を表現

お客様の感想を活用した例

- まさか、私がマラソンで完走できるなんて！
- この本を読んで、「人生の軌跡を記録しよう」と本気で思いました
- これのおかげで、野菜嫌いが克服できました
- もう、あの頭痛に悩まされなくていいなんて、信じられません
- おや？ いつの間にか外国人と会話ができている！
- 夢のよう！ 髪質改善で生まれて初めてのサラサラヘアーに！

B

平凡文　即効性のあるダイエットサプリ

お客様の声を代弁するようなフレーズに

修正文　体型を気にせず水着を着られたら、どんなに楽しいだろう

よくぞ言ってくれた！と感じさせる

お客様の声を代弁した例

- 連休は必要ありません。休み明けの仕事の山がツラすぎるから
- 出産でキャリアをつぶされるのはもうこりごり
- あと10平米広ければ、どんなに快適だろう
- 仕事帰り。家族の夕飯を作る私の夕飯は誰が作る？
- 寒いのはイヤだけど、乾燥しすぎる暖房はもっとイヤ

Chapter 5 … 相手を動かす

 常識から外れたことを書く
読み手はその理由を知りたくなる

□ 知らなかった　□ 実践中

「体を鍛えたいなら断じて筋トレはするな」

そんなキャッチコピーがあったら「えっ?」って思いませんか?「体を鍛えたいなら筋トレせよ」というのが常識だからです。例えば A のように、**人は常識から外れたことを言われると「えっ?」と思い、続いて「どうして?」とその理由が知りたくなる**ものです。

もちろん、常識から外れたことを書くわけですから、その理由（根拠）には、相応の説得力をもたせなければいけません。

先ほどの「体を鍛えたいなら断じて筋トレはするな」の例でいえば、続きの文章に明確な根拠を盛り込む必要があります。読んだ人に「なるほど、確かに、栄養バランスのとれた食事は重要だよね」などと賛同してもらえれば及第点でしょう。

目新しさのないことが書かれていても、人はあまり興味をもちません。一方で、B のように意外なことが書かれていると、がぜん興味を引きつけられます。意外性とは「思わぬギャップ」です。**「意外性を語る」型の場合、商品にオリジナリティや革新性、新規性などがあれば、より大きな相乗効果が見込めます。**

意外性を語るキャッチコピーを作るときには「○○なのに△△だ」というフォーマットが使えます。「ホラーなのに笑える」「砂糖なのに甘くない」「昭和歌謡なのに古くない」「冬なのにスイカ」「子ども用なのにビジネスに使える」など、発想力アップのトレーニングを兼ねて、いろいろと考えてみましょう。

意外性で読み手に興味を引かせる

A

平凡文 顧客満足度が会社の成長を支える！

↓ 常識から外れたアプローチに変更

修正文 顧客満足度が会社を破綻させる！

理由を知りたくなる表現に

常識から外れたアプローチの例
- □ 申し訳ございませんが、空腹のお客様は当レストランをご利用いただけません
- □ 社員の残業は絶対に禁止してはいけない
- □ ドレスアップ禁止の高級レストラン

説得力のある理由も添えることが大切です

B

平凡文 新しい健康スムージー登場

↓ 意外性を語ってみる

修正文 スムージーなのに、食べ応え抜群

興味を引く文になった

意外性を語る例
- □ 都会のど真ん中で、本格的な農業体験ができる
- □ このスニーカーなら、ビジネススーツにも合わせられる
- □ 納豆なのに臭わない
- □ 髪が増えるシャンプー始めました
- □ 高いほどお得です
- □ 夜更かしは1万円の得
- □ ハッピーアワー、翌朝7時まで

Chapter 5 心に刺さる文章を書いて 相手を動かす

Chapter 5 … 相手を動かす

不安・恐怖・ベネフィットを伝える
読み手は「自分事」として関心をもつ

□ 知らなかった　□ 実践中

　人には自己防衛本能や危機回避能力があります。こうした能力は言葉に対しても働きます。例えば「○○をすれば便利になります！」よりも「○○で悩んでいませんか？」という具合に、**不安や恐怖にアプローチした言葉のほうに反応しやすい**のです。

　とくに、「○○で失敗をしたくない」「○○から抜け出したい」「○○の問題を解決したい」などの感情をもっているターゲットには、「自分事」として響きやすいはずです。 A はその一例です。

　不安や恐怖にアプローチする場合、そのキャッチコピーを読んだ瞬間に、「あっ、自分も似たような不安や恐怖をもっているなあ」と気づく人もいます。つまり、キャッチコピーによって、意識下にある不安や恐怖を掘り起こすこともできるのです。

　読み手に「自分事」として関心をもってもらうため、 B のようにターゲットにベネフィット（購入者が得る恩恵・利益）を伝える方法も、キャッチコピー作りの王道のひとつです。なぜなら、**消費者の関心は、商品の機能ではなく、それを所有（利用）することで自分がどんな利益や価値を受け取れるかに向いている**からです。

　簡単にいえば、「あなたは○○になれます。だから△△してみませんか？」と伝えるのが、このベネフィット型の役割です。

　読んだ瞬間に、ターゲットの多くが「自分もそうなりたい！」と思うようなら、そのキャッチコピーはかなり優秀です。

読み手の不安や希望を呼び起こす

A

平凡文　高品質な防犯システム

↓（あえて不安や恐怖を煽る表現にする）

修正文　あなたの家は今晩も安全ですか？

ドキッとさせる文に

不安や恐怖にアプローチする例
- □ そのスマホに落とし穴が!?
  犯人はあなたの個人情報を狙っています
- □ その保険、損をしていませんか？
- □ 認知症で家族に迷惑をかけたい方は読まなくて結構です
- □ それでもまだ効果のない○○ダイエットを続けますか？
- □ えっ、私の口臭が気になるって？

B

平凡文　効果的な英語学習法

↓（ベネフィットをアピールする）

修正文　海外出張で、堂々と英語でプレゼンできる自分に！

自分もそうなりたい！ と思わせる

ベネフィットをアピールする例
- □ フォームは変えずに……飛距離が30ヤード伸びる！
- □ あなたのSNSが「稼げる集客ツール」に大変身！
- □ 蒸れ知らずで、足元さわやか
- □ 「最近イケメンになった？」と同僚に言われた
- □ とろけるような舌触りに、
  思わず目を閉じてしまう絶品ステーキ！
- □ 急な出張でも"スーツケースを持たずに"出発できる
  〈シン・身軽な生活〉
- □ 始めてから1週間で、上司が私を信頼するようになった

【相手を動かす】

Chapter 5
のおさらい

- ☐ 読む人が感情移入できるように、具体的な描写を盛り込む。

- ☐ 五感を刺激するシズルを書き、読む人の頭にイメージを浮かび上がらせる。

- ☐ 読む人と同じ視点や価値観を書き、親しみを感じさせる。

- ☐ 文章の最後に「行動を促す言葉」と「行動することで得られるメリット」を書く。

- ☐ 不安・恐怖・ベネフィットを伝え、読む人に「自分事」として関心をもってもらう。

おわりに Conclusion

　文章力アップの旅はいかがでしたか？

　あなたの中に「書きたい！」「思い通りに速く書けそう！」という気持ちが芽生えたようであれば、これほど嬉しいことはありません。

　さて、文章の書き方に関する「100個のスゴ技」の修得はここまでです。この先は実践あるのみ。本書での学びを存分に活かし、どんどん文章を書いていきましょう。

　できれば、今から３週間後、３カ月後、半年後の３回、本書を読み返してください。身についたスゴ技と、身についていないスゴ技の把握に努めてください。

　焦る必要はまったくありません。「ローマは一日にして成らず」です。学びを自分の血肉にするためには、意識と行動の反復が欠かせません。

　また、友人や家族、同僚など身近な人に、自分が書いた文章を読んでもらい、率直な意見や助言ももらってみてください。"第三者の目"を借りると、自分の文章を客観的に見つめることができます。

　今後、本書のスゴ技を実践していくことによって、ビジネス文章の作成能力はもちろん、メールやチャットの活用能力、読む人の興味や関心を引くセールス文章力やコピー力も伸びていきます。

そうそう、ChatGPTをはじめとするAI活用でも、あなたは活路を見出すことになるでしょう。その結果、あなたに好意や信頼を寄せる人が増え、社内外を問わず、あなたの評価は高まっていくでしょう。

もうひとつお伝えしたいのは、「書くことの素晴らしさ」についてです。

文章を書くとき、その人は例外なく、自分の「内と外」に意識を向けることになります。

文章の書き手は、いつでも思考しています。脳内で「情報収集→情報整理→情報伝達」というIN→OUTのサイクルも回しながら言語化していく行為は、その本人に、驚くほどの自己成長をもたらします。

それと同時に、文章を書く際、私たちは、読む人についても考えを巡らせています。読む人の立場や性格、感情に配慮することはもちろん、読む人が"何を求めているか"というニーズにも目を向けています。ビジネスにおいて、この「相手視点」ほど大事なものはありません。

「伝わる文章を書けるようになって自信がつきました！」という人を、私はこれまで何千人と見てきました。なかには、書くことによって、仕事で圧倒的な成果を出すほか、自分自身の目標や夢をハイスピードで叶えていく人もいます。

もちろん、本書を読んだあなたも、その有資格者です。心配しな

くて大丈夫。あなたは本書で、文章作成の基盤となる「100個のスゴ技」を学んだのですから。

　なお、本書は、過去に明日香出版社から出版した以下3冊の内容に加筆原稿を混ぜて再編集したものです。

『伝わる文章が「速く」「思い通り」に書ける　87の法則』(2014年)
『買わせる文章が「誰でも」「思い通り」に書ける101の法則』(2014年)
『伝わるメールが「正しく」「速く」書ける92の法則』(2017年)

　3冊のベストセラーのエッセンスを"いいとこ取り"した「ベスト版」と考えれば、本書の価値をいっそう強く感じてもらえるはずです。

　最後に本書の企画段階から誠実に伴走してくれた明日香出版社の竹内博香さんに心より感謝申し上げます。
　また、日ごろから私に多大な気づきをくれる妻の朋子と娘の桃果にも感謝を伝えさせてください。いつもありがとう。
　最後に読者の皆さんへ。あなたが文章という武器を片手に人生を切り拓いていく様子が私には見えます。
　自分に期待しましょう。自信をもって文章を書いていきましょう。

　　　　　　　　　　　　　　　　　　　　　　　著者・山口拓朗

文章テンプレート

16〜23項(58〜73ページ)で紹介している、文章の「型」をテンプレートにしました。伝えたい内容をテンプレートにあてはめていけば、速く、効率良く文章を書くことができます。ぜひご活用ください。

結論優先型 テンプレート

16 参照

確実にメッセージが伝わる、汎用テンプレート！

こんな文章に使える！

- 報告書
- 連絡用のメモやメール
- ノウハウ発信系のブログ記事

```
結論を書く
   ↓
理由・根拠を書く
   ↓
詳細・背景を書く
   ↓
まとめを書く
```

重要度順型 テンプレート

参照 17

情報に優先順位をつけて順番に書くだけ！

宣伝文
冊子や会報の記事
モノ・人・サービスなどの特長説明

情報❶を書く
⬇
情報❷を書く
⬇
情報❸を書く
⬇
情報❹を書く

比較型 テンプレート

参照 18

比較を活用すると結論の説得力が増す！

こんな文章に使える！

報告書
論文
評論

情報❶を書く

⬇

情報❷を書く

⬇

情報❶と情報❷の
比較結果を書く
（結論）

提案型 テンプレート

[19 参照]

あらゆるビジネス文書の基本フォーマット！

こんな文章に使える！

- 提案書
- 企画書
- プレゼン資料

現状を書く

⬇

提案を書く

⬇

具体案を書く

⬇

効果を書く

⬇

方法を書く

主張型 テンプレート

[20 参照]

読む人に納得してもらいたいなら！

批評
コラム
自己表現系のブログ記事

主張を書く
↓
理由・根拠を書く
↓
具体例を書く
↓
想定しうる反論への理解を示す
↓
再び主張を書く
↓
まとめを書く

時系列・列挙型 テンプレート

案内表示を出して、丁寧に解説する！

- 説明書
- 手順書
- レシピ

「はじめに／第一に／まず」を書く

↓

「続いて／第二に／次に」を書く

↓

「最後に／第三に／さらに・そして」を書く

ストーリー型テンプレート

[22 参照]

読者を引き込む劇場型文章！

こんな文章に使える！

- エッセイ
- 自己表現系のブログ記事
- 自己・会社プロフィール

挫折・弱点・葛藤を書く
↓
転機を書く
↓
決意を書く
↓
現在を語る
↓
目標・ビジョンを書く

紹介型 テンプレート

[23 参照]

体験こそが人の感情を動かす特効薬！

こんな文章に使える！

- 紹介文
- 推薦文
- カスタマー（ユーザー）レビュー

体験を書く

↓

紹介する

> ビジネスパーソンの常識！

メールの基本フォーマット

仕事で書くメールの基本的なフォーマットをマスターしましょう。

● メールのスタンダード例文

```
宛先：tsuda@□□□□□□.co.jp ――❶
CC：mikami@□□□□□□.co.jp ――❷

件名：サービスXの企画書修正の件 ――❸

株式会社シュウマイ
津田様 ――❹
CC：三上（弊社） ――❺

いつもお世話になっております。――❻
株式会社ギョーザの大久保です。――❼

先日は打ち合せをしていただき、ありがとうございました。
さて、サービスXの企画書の件ですが、
Y社の希望を盛り込んだうえで、企画書を修正いたしました。――❽

ご多忙のところ恐れ入りますが、
添付のファイルをご確認くださいませ。――❾

修正点を含め、ご意見、ご要望がございましたら、
何なりとお申しつけください。――❾

引き続き、よろしくお願いいたします。――❿
--------------------------------------------------
株式会社ギョーザ
マーケティング部
大久保智美(Satomi Okubo)

〒102-□□□□
東京都千代田区五番町□-□-□
TEL.03-□□□□-□□□□
FAX.03-□□□□-□□□□
E-mail：okubo@□□□.co.jp
会社URL：https://□□□.co.jp ――⓫
--------------------------------------------------
```

258

❶ 宛先（To）

メールを送る相手のアドレスを入力します。ここに複数のアドレスを入力すると、入力した人全員にメールが送られます。

❷ CC ／ BCC

「CC」は、参考としてメールの内容をほかの人に確認してもらいたいときに使います。「CC」に入れたアドレスは、送信先全員に表示されます。また、相手のアドレスも「CC」の受信者全員に公開されます。

「BCC」は、メールの相手にほかの受信者がいることを伏せたい、あるいは、ほかの受信者のアドレスを知らせたくないというケースに使います。「BCC」に入力されたメールアドレスは、「宛先（To）」や「CC」の受信者には表示されません。

❸ 件名

メールのタイトルです。メールの内容を分かりやすく簡潔に書きましょう（件名の書き方は62項参照）。

❹ 宛名

メールを送る相手の名前を書きます。まだ関係性ができあがっていない相手であれば、氏名のほか、会社名、所属部署、役職なども明記しましょう。

❺「CC」と「BCC」の宛名

「CC」を使うときには、宛名の下に「CC：○○様」のように書き、相手に「あなた以外にもこのメールを読んでいる人がいます」と知らせるのがマナーです。

❻ あいさつ

原則としてメールでは時候のあいさつは不要です。その代わり必ずひと言「あいさつ」を入れるようにしましょう。

❼ 自己紹介

自分が何者かを明記します。基本は「会社名＋氏名」です。会社の規模が大きい場合や初めてのメール相手に対しては部署名も入れましょう。

❽ 前置き（メールした理由）

本文に入る前にメールの目的や理由を簡潔に伝えましょう。 前置きをすることで、その先の本文が頭に入りやすくなります。

❾ 本文（用件）

メールで相手に一番伝えたい用件を書きます。とくに意識したいポイントは「分かりやすく書く」「具体的に書く」「簡潔に書く」の3つです。

❿ 結び

用件だけ書いて"はいおしまい"では、相手にいい印象をもたれません。最後は「よろしくお願いいたします」などのあいさつで結びましょう。

⓫ 署名

会社名・所属部署・氏名・役職・住所・電話番号・メールアドレス・サイトのURLなどを登録しておきます。初めてのやり取りにもかかわらず、署名がなかったり、署名に名前とアドレスしか書かれていなかったりすると、相手に不審がられてしまいます。

● 送信メールのスタンダード例文

プロジェクトAの企画書が完成しましたので、お送りいたします。
（PowerPointファイルを添付しております）——❶

先日のお打ち合わせの内容も反映しております。——❷
ご確認いただけますと幸いです。——❸

ご不明点やご質問等あれば、遠慮なくご連絡ください。——❹

よろしくお願いいたします。

● 返信メールのスタンダード〈例文A〉

さっそく企画書をお送りいただき、ありがとうございました。——❶

内容を確認しましたが、とくに問題点はございません。——❷
こちらをベースに作業プランを組み立ててまいります。——❸

引き続き、よろしくお願いいたします。

● 返信メールのスタンダード〈例文B〉

さっそく企画書をお送りいただき、ありがとうございました。

企画書の内容につきましては、
弊社マーケティング部の確認をとる必要がございます。——❶

大変申し訳ございませんが、
明日（12日）の正午までお時間をいただくことは可能でしょうか。——❷

ご確認のほど、よろしくお願いいたします。

あらゆる送信メールの基本となる標準的な文章です。
❶～❹のポイントを盛り込みます。

❶ このメールの内容（例文では、企画書送付の旨）。
　 添付資料がある場合は、その旨も書き添える
❷ 特別に連絡しておきたい点、強調しておきたい点、
　 付け加えておきたい点など
❸ 相手にしてもらいたい行動を促す文章
❹ 相手への配慮（例文では、問い合わせしやすくしている）

そのほか、折り返し連絡をもらいたいときなどは「ご確認のうえ、
10日（金）までに修正点をご連絡いただけますと幸いです」という
具合に、「してもらいたい行動」を明確に伝えます。

返信メールのスタンダードな文章です。
❶～❸のポイントを意識します。

❶ メールを送ってくれたことに対するお礼（内容に触れつつ）
❷ 内容に対する返事。もしも特筆すべき連絡事項（例文なら、
　 修正箇所の連絡など）があれば、ここで具体的に伝える
❸ この先、自分がどのように動くか

すぐに明確な返信ができないときは、その旨を伝えましょう。
メールをしてくれたお礼を述べてから、
以下の❶と❷を盛り込みます。

❶ すぐに明確な返信ができない旨と理由
❷ 明確な返信をする期日（相手に許可をもらう形で）

月1回、無料体験セミナー実施中

山口拓朗ライティングサロン

オンライン(zoom)形式／13時〜15時15分

参加費無料

文章の書き方を中心に、国内で30冊の書籍を出してきた山口拓朗から直接、文章の書き方スキルを学べる機会です。これまでに700人以上が受講した人気のオンライン(zoom)セミナーです。気軽にお申し込みください。

開催日の確認＆お申し込みはこちら ▶▶▶
https://yamataku-salon-taiken.com/

読者限定！ 無料音声プレゼント🎁

「思い通りに速く書ける文章術」

著者の山口拓朗より読者の皆さまへ、
無料音声セミナーのプレゼントをご用意しました。
本書の内容とあわせてご活用ください。

お申し込みはこちら ▶▶▶
https://indicate-ex.com/fx/42E7Q0

※お申し込みされた方には、山口拓朗のメールマガジンで継続して情報をお届けいたします。
※これらのサービスは予告なく終了することもあります。

著者
山口拓朗（やまぐち・たくろう）

伝える力【話す・書く】研究所所長／山口拓朗ライティングサロン主宰

出版社で編集者・記者を務めたのちライター＆インタビュアーとして独立。27年間で3800件以上の取材・執筆歴がある。

出版社時代に徹底した赤ペン指導を受け、文章力を飛躍的に伸ばす。現在は執筆や講演、研修を通じて「論理的に伝わる文章の書き方」「好意と信頼を獲得する伝え方の技術」「売れる文章＆コピーの作り方」など、言語化や文章術の分野で実践的なノウハウを提供している。

2016年からアクティブフォロワー数400万人の中国企業「行動派」に招聘され、北京ほか6都市で「Super Writer養成講座」を23期開催。中国国内で50名を著者デビューへと導いた。

著書にベストセラー書籍『「うまく言葉にできない」がなくなる 言語化大全』（ダイヤモンド社）、『伝わる文章が「速く」「思い通り」に書ける 87の法則』『買わせる文章が「誰でも」「思い通り」に書ける101の法則』(共に明日香出版社)など31冊。中国、台湾、韓国など海外でも20冊以上が翻訳されている。NHK「あさイチ」などのテレビ出演も。

山口拓朗公式サイト
http://yamaguchi-takuro.com/
山口拓朗へのお問い合わせ
yama_tak@plala.to

思い通りに速く書ける人の文章のスゴ技 BEST100

2024年10月23日 初版発行
2024年10月29日 第7刷発行

著者	山口拓朗
発行者	石野栄一
発行	明日香出版社
	〒112-0005 東京都文京区水道2-11-5
	電話 03-5395-7650
	https://www.asuka-g.co.jp
カバーデザイン	菊池 祐
カバーイラスト	岡村優太
本文デザイン・組版	櫻井ミチ
編集協力	米田政行（Gyahun工房）
	泥ぬマコ
	原田さつき
	二階堂ねこ
校正	共同制作社
印刷・製本	シナノ印刷株式会社

©Takuro Yamaguchi 2024 Printed in Japan
ISBN 978-4-7569-2362-2

落丁・乱丁本はお取り替えいたします。
内容に関するお問い合わせは弊社ホームページ（QRコード）からお願いいたします。